Jürgen Wolff
Gemüse-
garten
KOSMOS

Wissenswertes vorweg

Gemüsegarten-Praxis

Gemüse-Portraits

Jahres-Arbeitskalender

Anhang

Wissenswertes vorweg

Individuelle Pflanzenauswahl

Die Freude am Gemüsegarten können Sie am einfachsten dadurch verstärken, daß Sie vornehmlich diejenigen Gemüsearten anbauen, die Sie am liebsten mögen. Wenn Sie beispielsweise im zeitigen Frühjahr vitaminreichen, zarten Blattspinat schätzen, können Sie durchaus auf allen verfügbaren Beeten Spinat aussäen. Ein Salat aus den jungen Spinatblättern ist besonders köstlich, aber auch blanchiert ist die frühe Ernte ein Genuß.

Sie mögen knackige Radieschen? Bitteschön, kaum ein anderes Gemüse ist schneller erntereif. Und direkt aus dem Beet, nur kurz unter dem Wasserhahn abgespült, schmecken Radies am besten. Und wer frische Blattsalate über alles liebt, wird gar nicht so viele Beete vorweisen können, wie unterschiedliche Sorten angeboten werden.

Lecker und dekorativ in der Salatschüssel: Radicchio.

Kraussalat, roter Eichenlaubsalat, Salat-Chrysantheme oder Salatrauke – das sind nur ein paar neue Namen aus dem großen Sortiment. Der erste Salat im Frühbeet ist schon Ende April erntefertig. Spezielle Sorten lassen die fortlaufende Anzucht sogar im Sommer und dann bis zum Spätherbst zu.

Wenn Sie Kinder haben, sollte der Gärtner-Nachwuchs selbst säen dürfen. Überhaupt ist es empfehlenswert, den Anbauplan mit dem Familienrat zu besprechen, bevor die Saattütchen gekauft werden. Damit läßt sich verhindern, daß später ein Teil der Ernte auf dem Kompost landet, weil beispielsweise Kohlrabi oder ein anderes Gemüse in dieser Saison nicht „in" ist.

Wie hoch ist der Zeitaufwand?

„Ein eigener Gemüsegarten, das wäre schön, aber dafür habe ich leider keine Zeit." Dieses Argument kann man nicht einfach ignorieren, denn der Anbau von Gemüse ist – im Vergleich zu Stauden- oder Ziergehölzflächen beispielsweise – durchaus zeitaufwendig. Das gilt in erster Linie für das Frühjahr. Bodenvorbereitung, Aussaat und das regelmäßige Hacken der Beete, bis die Pflanzenreihen geschlossen sind und kein Unkraut mehr dem Gemüse Konkurrenz macht, das erfordert einen nicht unerheblichen Arbeitsaufwand.

Allerdings: Wenn erst einmal alles wächst, ist – vom gelegentlichen Wässern abgesehen – in den Gemüsebeeten deutlich weniger zu tun. In den Sommersaaten keimen nur noch wenige Unkrautsamen, so daß auch das Hacken der Beete reduziert werden kann.

Eine kleine Köstlichkeit: Cocktailtomaten.

Garten für Selbstversorger

Wenn der Gemüsegarten nicht nur dem „Erntevergnügen" dient, sondern den Gemüsebedarf der ganzen Familie möglichst vollständig sicherstellen soll, gelten andere Kriterien.

Hier ist selbstverständlich der Zeitaufwand höher, die Zahl der angebauten Gemüsearten und natürlich auch die erforderliche Fläche größer. Der Nutzgarten für eine vierköpfige Familie sollte 500 – 600 m^2 groß sein. Davon entfallen 150 m^2 auf die Gemüsebeete, 100 m^2 auf das Beerenobst und 200 – 250 m^2 auf das Stein- und Kernobst. Die restliche Fläche wird für Wege, Kompostplatz usw. benötigt.

Während im „normalen" Gemüsegarten vorwiegend Salate, Spinat, Radieschen, Rettich, Tomaten, Bohnen und natürlich die von der Familie bevorzugten Arten angebaut werden, umfaßt die Auswahl bei Selbstversorgern auch Gemüse zum Einmieten und Einfrieren. Oder für den Winter beispielsweise Wirsing, Rosen- und Grünkohl sowie Chicorée zum Treiben. Viel Platz benötigen Kartoffeln, wobei in erster Linie Frühkartoffeln angebaut werden. Wenn genügend Fläche vorhanden ist, dürfen es selbstverständlich auch Lagerkartoffeln sein. Bei Rot- und Weißkohl oder späten Möhren ziehen allerdings zumeist auch Selbstversorger die Grenze; hier lohnt der Anbau nicht unbedingt, weil diese Gemüsearten weitaus billiger zu kaufen sind. Soweit es jedoch um den Geschmack geht, kann auch der Anbau von spätem Kopfkohl, Kartoffeln oder Lagermöhren nur empfohlen werden.

Und die Ernte bedeutet ohnehin eher Vergnügen als Arbeit, denn gewöhnlich wird nur für den augenblicklichen Bedarf geerntet. Wenn Sie also im Frühjahr grundsätzlich keine Zeit für den Garten finden, sollten Sie sich auf wenige Beete beschränken. In den Sommermonaten oder später ist dagegen Zeitmangel kein Hinderungsgrund.

Für Berufstätige, die sich erst abends ihrem Garten widmen können, bleibt in der Regel ausreichend Zeit, um die Gemüsebeete zu bearbeiten – und dabei den Ärger im Büro oder in der Fabrik zu vergessen. Täglich ein bis zwei Stunden und am Wochenende ein bißchen mehr, das genügt in der „Hauptsaison" von April bis Juni, um die Gemüsebeete für eine vierköpfige Familie in Schuß zu halten. Danach nimmt der Arbeitsaufwand spürbar ab.

Fehler, die andere gemacht haben

Zu dichte Aussaat und Pflanzung

Nach der Aussaat wurden zu dicht wachsende Sämlinge nicht entfernt; Jungpflanzen zu dicht gesetzt. Die Pflanzen können sich nicht voll entwickeln, werden anfällig für Krankheiten und Schädlinge.
Abhilfe: Reihen- und Pflanzabstände in den jeweiligen Kulturbeschreibungen beachten. Die ausgewachsenen Pflanzen sollen sich nur in den Blattspitzen berühren.

Die Gemüsebeete liegen im Schatten

Zuwenig Licht führt zu ungenügendem Wachstum, mindert das Gemüsearoma und kann vor allem bei Salat, Spinat, Feldsalat und roter Bete zu erhöhtem Nitratgehalt führen.
Abhilfe: Die Anbaufläche sollte wenigstens sechs Stunden Sonne am Tag erhalten. Beete mit geringerer Sonneneinstrahlung nur von Mai bis August nutzen.

Düngen „nach Gefühl" – meistens viel zu viel

Die Pflanzen werden „mastig", bilden viel Blattmasse, aber wenig Früchte, und sie werden in der Folge anfälliger für Krankheiten und Schädlinge.
Abhilfe: Mit Hilfe von Bodenproben und einer Bodenanalyse (alle zwei bis drei Jahre) Nährstoffgehalt ermitteln und bedarfsgerecht düngen. Auf unterschiedlichen Nährstoffbedürfnisse von Stark-, Mittel- und Schwachzehrern achten.

Zur Bodenlockerung wird Torf verwendet

Die Pflanzen wachsen nicht wunschgemäß, obwohl reichlich Torf verwendet wurde; Folge von zu hohem Säuregehalt.
Abhilfe: Statt Torf unbedingt gut verrotteten Kompost verwenden. Der Säuregehalt von Kompost ist neutral, so daß der Boden neben einer optimalen Humusversorgung auch ideale Voraussetzungen für die Nährstoffaufnahme der Pflanzen erhält.

Zu frühe Aussaat

Milde Temperaturen verlocken im Spätwinter zu vorzeitiger Aussaat. Die Keimung erfolgt mangelhaft, weil der Boden noch nicht ausreichend erwärmt ist.
Abhilfe: Die Aussaatzeiten in den jeweiligen Kulturbeschreibungen beachten. Bei kühler Witterung im Frühjahr auf mildes Wetter warten. Ein späterer Aussaattermin bei höheren Temperaturen bringt sicheren Keimerfolg.

Mißerfolg durch falsche Pflanzenauswahl

Vor allem beim Anbau von sehr wärmebedürftigem, anspruchsvollem Gemüse wie Paprika, Auberginen oder Artischocken, aber auch bei Tomaten oder Gurken bleibt das Ergebnis mager, wenn keine günstigen Wachstumsbedingungen vorhanden sind.
Abhilfe: Wärmeverwöhnte Gemüsearten nur bei geeigneten Klimabedingungen und in vollsonniger, geschützter Lage anbauen; eventuell unter Glas. Sonst auf robustere Gemüsearten ausweichen.

Pflanzennachbarschaften wurden nicht beachtet

Aussaat und Pflanzung ohne Plan. Wachsen Pflanzen nebeneinander, die sich ungünstig beeinflussen, bleiben sie in der Entwicklung zurück.
Abhilfe: Bei der Anbauplanung auf günstige Pflanzennachbarschaften achten. Geeignete Nachbarpflanzen der einzelnen Gemüsearten sind in der Mischkulturtabelle (S. 37) aufgeführt.

Fruchtwechsel wurde nicht beachtet

Auf einem Beet wird Gemüse derselben Pflanzenfamilie nacheinander angebaut. Die Übertragung von Krankheiten wird so begünstigt. Bei mehrjährigem Anbau hintereinander treten vermehrt Krankheiten auf.
Abhilfe: Bei der Beetplanung darauf achten, daß keine Gemüsearten aus derselben Pflanzenfamilie folgen; auf Zuordnung in der Kulturbeschreibung achten. Erst nach frühestens drei Jahren sollte wieder Gemüse derselben Pflanzenfamilie auf der Beetfläche angebaut werden.

Jungpflanzenanzucht gelingt nicht

Die Saat geht nicht auf; oder die Sämlinge gehen bald nach dem Keimen wieder ein.
Abhilfe: Saatschalen wärmer aufstellen; Zimmertemperatur ist am besten. Spezielle Aussaaterde verwenden, nur schwach befeuchten und mit Haube abdecken, um für hohe Luftfeuchtigkeit zu sorgen. Samen nur hauchdünn mit Erde oder Sand bedecken.

Lichtmangel bei der Vorkultur

Nach erfolgter Keimung werden die Sämlinge lang und dünn, und sie fallen schließlich um.
Abhilfe: Zu wenig Licht ist die häufigste Ursache von Mißerfolgen bei der Vorkultur. Unmittelbar hinter der Glasscheibe eines Südfensters reicht die Sonneneinstrahlung erst ab Mitte, Ende Februar aus, um kräftige, gesunde Jungpflanzen heranwachsen zu lassen. Bei ungünstigeren Lichtverhältnissen am Fenster besser erst später aussäen.

Salat und andere Gemüsepflanzen schossen

Kopfsalat, aber auch Spinat, Feldsalat und einige andere Gemüsearten schossen frühzeitig; sie bilden Blütenansätze und sind damit für die Ernte unbrauchbar.
Abhilfe: Aussaatzeiten auf den Samentüten einhalten. Auf geeignete Sorten für die jeweilige Jahreszeit achten. Vor allem Frühgemüse rechtzeitig ernten. Salat in Folgesätzen aussäen.

Zu sparsame, ungleichmäßige Bewässerung

Ungenügende Wasserversorgung zeigt sich bei Blattgemüse in schlappen Blättern und beeinträchtigt bei allen Gemüsearten Menge und Qualität der Ernte. Aufgeplatzte Früchte sind eine typische Folge unregelmäßiger Wasserzufuhr.
Abhilfe: Für fast alle Gemüsearten ist gleichbleibende Bodenfeuchtigkeit entscheidende Voraussetzung für gutes Wachstum. Das heißt, nicht nach einem bestimmten Zeitplan gießen, sondern der Witterung und den Pflanzenbedürfnissen angepaßt. Durch Mulchen für geringere Verdunstung von Bodenfeuchtigkeit sorgen.

Keine Fruchtbildung im Gewächshausanbau

Tomaten, Paprika und Auberginen zeigen gutes Wachstum und ausreichende Blütenansätze, aber die Fruchtbildung bleibt aus.
Abhilfe: Reichlich lüften, vor allem bei sonnigem Wetter in der Mittagszeit. Dann sorgt der Wind für die Befruchtung, und Insekten tragen zur Bestäubung bei.

Schädlingsbefall im Gewächshaus

Hohe Temperaturen unter Glas begünstigen die Verbreitung von Schädlingen. Vor allem Weiße Fliegen vermehren sich schnell.
Abhilfe: Bei Anfangsbefall Gelbtafeln in die Nähe hängen. Bei starkem Blattlausbefall vor dem Ergreifen von Gegenmaßnahmen auf Nützlinge achten; evtl. gezielt Nützlinge (Schlupfwespe *Encarsia formosa* gegen Weiße Fliege) bestellen und aussetzen.

Keine Kompostbereitung im Garten

Platzmangel, manchmal auch nur Vorurteile, verhindern die Kompostbereitung. Dadurch fehlt die wichtige Humuszufuhr für die Beete; Voraussetzung für optimales Pflanzenwachstum.
Abhilfe: Bei Platzmangel zumindest ein Kompostsilo aufstellen, das nur eine geringe Grundfläche benötigt. Bei anfänglichem Mißerfolg nicht gleich aufgeben; Tips im Kapitel Kompost lesen (siehe S. 39).

Der Komposthaufen riecht

Die Abfälle verrotten nicht, sondern faulen, weil nicht genügend Luft an den Kompost herankommt.
Abhilfe: Kompostmaterial mit einer Handhacke oder Grabegabel erneut vermischen, so daß die Sauerstoffzufuhr verbessert wird. Als Sofortlösung Steinmehl über die Abfälle streuen. Richtig zusammengesetzter Kompost riecht nicht.

Boden verkrustet nach Regen und folgender Sonneneinstrahlung

„Betonboden" entsteht, wenn der lehmige Boden zwar umgegraben und gelockert wird, aber die Tonminerale danach wieder verkleben.
Abhilfe: Regelmäßiges Verteilen von Kompost und häufiges Mulchen der Bodenoberfläche verhindern die Verkrustung des Bodens.

Gemüsegarten – Praxis

Planung

Standort und Lage

Einen Sonnenplatz müssen Sie dem Gemüse schon reservieren, wenn die Ernte zufriedenstellend ausfallen soll.

Ein Platz an der Sonne – das ist zweifellos die wichtigste Voraussetzung für den Standort des Gemüsegartens auf Ihrem Grundstück. Je mehr Sonnenstunden die Beete täglich bekommen, desto höher ist der Ertrag, desto mehr Aroma weist das Gemüse auf und desto geringer ist eine mögliche Nitratbelastung. Am besten ist es natürlich, wenn der Nutzgarten von morgens bis abends von der Sonne beschienen wird.

Gemüseanbau unter Bäumen bringt nur Nachteile; auch wenn so etwas gelegentlich empfohlen wird. Allein Buschbohnen, Sellerie, Lauch und auch Rhabarber (den zählt man ebenfalls zum Gemüse) vertragen eine etwas eingeschränkte Sonneneinstrahlung. Würde man sie aber unter Obstbäumen wachsen lassen, brächten sie nur den halben Ertrag, und auch ihr Geschmack ließe zu wünschen übrig. Das ist, neben möglicher Wurzelkonkurrenz, auch der Hauptgrund, weshalb man den Gemüse- und Obstgarten stets voneinander trennt. Obstbäume und natürlich erst recht Beerensträucher dürfen am Rand des Gemüsegartens wachsen, aber nicht mittendrin.

Zuviel Sonne kann es in unseren Breiten gar nicht geben. Schäden durch die Sonne sind im Gemüsegarten nur bei krassen Kulturfehlern möglich. Wenn beispielsweise unter Glas oder Folie unzureichend gelüftet wurde. Oder man setzt Jungpflanzen bei praller Sonne nach draußen, ohne sie vorher abzuhärten. Und schließlich kann auch – theoretisch – das Gießen in der Mittagssonne zu Verbrennungen auf den Blättern führen.

In Hanglagen ist die Süd- oder Südwestseite ideal für den Gemüseanbau. Hier ist die Sonneneinwirkung sogar noch intensiver – freilich muß dann auch mehr auf ausreichende Bewässerung geachtet werden. Die Neigung sollte nicht viel mehr als ein bis zwei Prozent betragen, weil es sonst Probleme bei heftigem Regen geben kann und Humuserde weggeschwemmt wird. Bei steileren Hängen hilft die Terrassierung des Geländes. Die Beetreihen müssen immer quer zum Hang angelegt werden.

Hanglagen sind außerdem weniger frostgefährdet. Bodenfröste fallen hier sozusagen herunter. Verstärkte Frostgefahr besteht allerdings, wenn die abfließende Kaltluft durch Hecken oder Dämme aufgehalten wird. Die kalte Luft sammelt sich vorzugsweise in flachen Mulden. Solche „Frostlöcher" sind bei der Auswahl des Gemüsestandorts tunlichst zu meiden.

Auch der Wind ist als Faktor, der das Gemüse beeinflußt, nicht zu unterschätzen. Dabei wirkt sich ein windiger Standort ebenso negativ aus wie eine vollkommen geschützte, windstille Anbaufläche. Ständiger Wind senkt die Temperatur der Pflanzen; sie wachsen dadurch langsamer. Einige Arten sind zudem besonders windempfindlich; so Buschbohnen, Gurken und Chinakohl. Anfällige Pflanzen können Sie auch durch geeignete Nachbargewächse vor Zugluft bewahren: durch eine Doppelreihe mit Zuckermais beispielsweise oder mit den in dieser Hinsicht robusteren Stangenbohnen.

In geschützter Lage können sich dagegen Pilzkrankheiten leichter ausbreiten und Schädlinge finden günstigere Bedingungen vor. Nach Regen bleibt der Boden bei anschließender Sonneneinwirkung länger feucht, und das entstehende schwülwarme Kleinklima fördert die Ausbreitung von Krankheiten.

Ideal ist die goldene Mitte: eine halb offene Lage des Gemüsegartens – quer zur Hauptwindrichtung durch eine Hecke geschützt, aber eben nicht vollständig von einer Hecke umgeben. Dadurch kann außerdem die Anbaufläche nach Regen schneller abtrocknen.

Eine Mauer kann übrigens die lebende Hecke nicht als Windschutz ersetzen. Wenige Meter dahinter ist es ebenso windig wie davor. Den besten Windschutz bietet eine breite Laubhecke, möglichst aus verschiedenen Arten. Eine solche Hecke bringt noch weitere Vorteile, ist sie doch ein hervorragender Aufenthaltsort für Vögel und andere Kleintiere, wie zum Beispiel Igel. Und die wiederum sind als natürliche Feinde der Schadinsekten oder Schnecken hochwillkommen.

Klima

Das Kleinklima läßt sich also durchaus beeinflussen – das örtliche Klima natürlich nicht. Selbstverständlich ist es ein Unterschied, ob Sie Gemüse in Unterfranken oder in Vorpommern ernten möchten. Die Erfolgsaussichten für Gemüse mit hohem Wärmebedarf und für Frühgemüse sind im

Bohnen lieben es warm, hier eine Stangenbohne.

Spinat stellt an die Temperatur keine besonders hohen Ansprüche.

Weinbauklima zweifellos größer als in kälteren Regionen. Umgekehrt bekommt beispielsweise Erbsen oder Kohl das Küstenklima besser.

Auf hohe Temperaturen sind vor allem Tomaten, Paprika, Auberginen, Zuckermais, Melonen und Bohnen, mit Einschränkung auch Kürbisse und Zucchini angewiesen. Äußerst gering sind hingegen die Temperaturbedürfnisse von Spinat, Feldsalat, Radieschen, Rettich, Lauch, Endivie, Schwarzwurzel und dem besonders unempfindlichen Rosen- und Grünkohl. Die übrigen Gemüsearten sind dazwischen einzustufen.

Im Erwerbsgartenbau richtet man sich bei der Auswahl der Arten selbstverständlich nach den klimatischen Gegebenheiten. Aber Hobbygärtner, die im kühleren Norden wohnen, brauchen deshalb keineswegs auf selbst geerntete Tomaten zu verzichten. Allerdings spielt es in ungünstigeren Klimagebieten eine wesentliche Rolle, an welcher Stelle im Garten diese Pflanzen gesetzt werden. Ein – selbstverständlich vollsonniges – windgeschütztes Plätzchen, an dem das Sonnenlicht vielleicht noch durch eine weiße Hauswand reflektiert wird, bringt wahrscheinlich auch hier ein zufriedenstellendes Ergebnis. Und bei den Bohnen genügt es aufgrund der kürzeren Vegetationszeit in den meisten Fällen schon, wenn man sie nicht zu früh aussät.

Die Grenzen sind zweifellos erreicht, wenn Sie auch noch den Ehrgeiz haben, hier Paprika und Auberginen ernten zu möchten. Dafür brauchen Sie dann unbedingt ein Gewächshaus, wobei schon das schlichteste Folienhaus die nötigen Voraussetzungen bietet. Der Anbau unter Glas oder Folie ist aber auch bei ausreichenden Klimabedingungen sinnvoll, denn er ermöglicht in jedem Fall frühere Ernten.

Auch die Höhenlage wirkt sich auf das Klima aus. Immer wieder bin ich überrascht, wenn ich zwei Gemüsegarten-Experten im Allgäu besuche. Der eine gärtnert in 750, der andere in 900 Metern Höhenlage – beide ernten in ausgezeichneter Qualität und beachtlichen Mengen. Tomaten freilich, um bei diesem Beispiel zu bleiben, ziehen sie gar nicht erst im Freien, sondern unter Glas heran. Je höher die Lage, desto schwieriger gestaltet sich allerdings der Anbau. Das liegt vor allem an der höheren Niederschlagsmenge und an der kürzeren Vegetationsperiode: das Frühjahr beginnt später, der Winter früher. Als Vegetationsperiode bezeichnet man den Zeitraum vom Überschreiten des Temperaturmittels von +5 Grad C bis zu dessen Unterschreitung.

Dünne Luft ist also ungünstig – noch mehr aber „dicke Luft". In der Hauptwindrichtung von Betrieben, die Luftschadstoffe produzieren, sollten Sie besser Blumen, aber kein Gemüse säen und pflanzen. Zwar nimmt die Umweltbelastung im Vergleich zu früheren Jahren ab, doch viele Schadstoffe, Schwermetalle vor allem, sind im Boden eingelagert. Nicht zu unterschätzen sind auch Autoabgase – trotz Katalysatorpflicht und bleifreiem Kraftstoff. Im Bereich bis 50 Meter neben sehr stark befahrenen Autobahnen und Schnellstraßen sollten Sie kein Gemüse anbauen. Im Bereich bis 100 Meter zumindest kein Blattgemüse wie Kohl und Salat.

Gartengröße

Die wenigsten Gartenbesitzer können die Größe der Nutzgartenfläche selbst bestimmen, sondern müssen mit dem vorlieb nehmen, was da ist. Wenn aber genügend Platz zur Verfügung steht, sollten Sie lieber etwas mehr als zuwenig für die Gemüsebeete reservieren. Platzmangel führt in der Praxis meistens dazu, daß die Aussaat- und Pflanzabstände geringer gewählt werden. Als Folge können leichter Krankheiten und Schädlinge auftreten.

Fortsetzung siehe S. 18

Wegweiser durch den Gemüsegarten.
① Stangenbohnen (siehe S. 118), ② Hügelbeet (siehe S. 30), ③ Hochbeet (siehe S. 29), ④ kleinere Sauerkirsch- und Apfelbäume, ⑤ Beerensträucher, ⑥ mit Vlies abgedecktes Beet (siehe S. 23), ⑦ Buschbohnen (siehe S. 117) und Bohnenkraut, ⑧ Himbeeren am Gerüst, ⑨ Salat (siehe S. 74) und Tagetes, ⑩ Mischkultur mit Möhren und Zwiebeln (siehe S. 38), ⑪ Wasser-Zapfstelle, ⑫ Erdbeeren,

mit Stroh gemulcht, ⑬ 30 cm breite Nebenwege, mit Gehölzhäcksel bestreut (siehe S. 19), ⑭ Jungpflanzen, daneben Folientunnel (siehe S. 23), ⑮ Kinderbeet, mit Steinen umrandet, ⑯ Hauptwege aus Trittplatten (siehe S. 19), ⑰ Gewächshaus (siehe S. 31), ⑱ Gartenhaus mit Geräten, ⑲ Frühbeet (siehe S. 26), ⑳ terrassiertes Kräuterbeet mit unterschiedlichen Wachstumszonen, ㉑ Kompostplatz mit drei Kammern (siehe S. 39).

Allgemein rechnet man mit einem Platzbedarf von 25 bis 40 m² pro Person. Zusätzlich braucht man eine beträchtliche Fläche für den – unbedingt empfehlenswerten – Anbau von Kartoffeln. Hinzurechnen muß man außerdem Randflächen und Einfassungen, auf denen Blumen wachsen sollen. Zu dieser Netto-Beetfläche kommt noch der Platz für Wege, Frühbeete, eventuell für ein Gewächshaus und vor allem für die Kompostbereitung.

Obst und Gemüse sollen, wie bereits erwähnt, nicht zusammen angebaut werden; aber die unmittelbare Nachbarschaft dieser beiden Gartenteile ist durchaus praktisch. Dagegen können Sie Blumen- und Gemüsebeete durchaus kombinieren. In alten Bauerngärten, die seit einigen Jahren wieder bevorzugt kopiert werden, ist das auf eine höchst attraktive Weise verwirklicht. Charakteristisch ist hier außerdem die Einfassung der Beete mit niedrigem Buchs; eine hübsche, aber sehr arbeitsaufwendige Lösung. Zumindest sollte man sich nicht sklavisch an eine strikte Trennung von Zier- und Nutzpflanzen halten und statt dessen den Gemüsegarten mit bunten Blumen zu einem dekorativen Gartenteil machen.

Beetanlage

Auch bei der Gestaltung der Beete dürfen Sie sich durchaus von Althergebrachtem lösen. Der Standard-Gemüsegarten sieht so aus: Von einem Hauptweg gehen rechtwinklig 1,20 m breite Beete ab, die durch 30 cm breite Trittpfade voneinander getrennt sind. Die Beetlänge richtet sich nach der Grundstücksgröße. Die Beete sollten möglichst in Nord-Süd-Richtung verlaufen, um den Gemüsereihen eine optimale Sonneneinstrahlung zu bieten. Gesät und gepflanzt wird grundsätzlich in Reihen, um die spätere Bearbeitung der Beete zu erleichtern. Soweit die klassische Form, mit der die Fläche am zweckmäßigsten ausgenutzt wird. Schmalere, nur bis 100 cm breite Beete sind sinnvoll, wenn man beim Bearbeiten breiterer Flächen Mühe hat, mit den Händen bis zur Beetmitte zu gelangen.

Sie können die Beete natürlich auch kreisförmig, dreieckig oder anders gestalten – das langgezogene Rechteck bleibt am praktischsten. Wenn Sie sich allerdings einmal die Grundrisse alter Kloster- und Bauerngärten anschauen, werden Sie die übliche Form vielleicht als langweilig empfinden. Und nichts hindert Sie daran, die Beete zum Beispiel in Sternform auf eine dekorative, blumenbewachsene Mitte zulaufen zu lassen.

Es muß nicht alles immer nur vernünftig, sondern darf manchmal einfach nur schön sein. Gemüse können Sie hier ebenso ernten, wenn auch vielleicht etwas weniger.

Sonderformen sind Hügel- und Hochbeete, die sich in den vergangenen Jahren großer Beliebtheit erfreuten. Während das Hügelbeet in der Praxis jedoch offenkundige

Im Regelfall gehen von einem Hauptweg rechtwinklig die 1,20 m breiten Beete ab, die durch 30 cm breite Trittpfade voneinander getrennt sind.

Nachteile zeigte, findet das Hochbeet zunehmend Interesse. Wie es angelegt und genutzt wird, ist auf Seite 29 beschrieben.

Wege

Der Hauptweg sollte schon deshalb mindestens 50 cm breit und möglichst mit Trittplatten ausgelegt sein, damit Sie ihn mit der Schubkarre befahren können. Zweirädrige Transportwagen brauchen häufig sogar über 60 cm Wegbreite.
Kieswege sehen zwar elegant aus, sind aber schwieriger frei von Unkraut zu halten. Für die Trittpfade genügen 30 cm Breite, denn man muß sie nur zum Bearbeiten der Beete benutzen. Diese schmalen Trittwege sollten möglichst auf gleicher Höhe mit der Beetoberfläche sein. Dadurch trocknet die Erde an den Beetkanten nicht so schnell aus.

Kieswege wirken sehr schön, allerdings wächst hier auch das Unkraut besonders üppig und ist schwer zu entfernen.

Als Belag ist hier Häckselgut von Gehölzschnitt bestens geeignet; dieses Material hält bis zum Herbst und ist bis zur nächsten Saison verrottet.

Boden

Bodenarten

Mit wenigen Ausnahmen ist jede Bodenart für den Gemüseanbau geeignet. Man muß allerdings mehr oder weniger dafür tun. Notwendig sind vor allem Maßnahmen, um den Humusgehalt zu erhöhen: laufende Zufuhr von Kompost, möglichst auch Tiermist, Aussaat von Gründüngerpflanzen und regelmäßiges, konsequentes Mulchen, also Bedecken der Bodenoberfläche mit Grasschnitt und anderen organischen Pflanzen-

Konsequentes Mulchen erhöht den Humusgehalt im Boden und schützt die Erde vor dem Austrocknen.

resten. Dagegen ist reichliches Düngen allein keineswegs der Schlüssel zur Verbesserung des Gartenbodens.
Grundsätzlich unterscheidet man zwischen Sand-, Lehm- oder Tonböden. Daneben gibt es noch reine Humusböden, zumeist Moorböden.

❁ Sandböden werden auch als leichte Böden bezeichnet, weil sie leicht zu bearbeiten sind. Die groben, runden Stein- und Sandkörnchen, meistens aus Quarz oder Silikat, haften wenig zusammen. Dazwischen liegen große Poren, durch die das Wasser schnell abfließen kann. Solche Böden werden von der Sonne rasch erwärmt und gut durchlüftet, aber sie speichern nur in geringem Maß Wasser und Nährstoffe; vor allem Stickstoff wird schnell in tiefere Bodenschichten ausgewaschen. In der Praxis bedeutet dies, daß mehr gedüngt und häufiger gewässert werden muß. Ein extremer Sandboden ist aufgrund seiner geringen Fruchtbarkeit für die gärtnerische Nutzung weniger geeignet. Er läßt sich aber, wie oben beschrieben, durch entsprechende Maßnahmen zur Humusanreicherung im Laufe der Jahre in einen durchaus brauchbaren Untergrund umwandeln. Zusätzlich kann durch Stein- und Tonmehl die Bodenqualität verbessert werden.

❁ Tonböden nennt man auch schwere Böden; sie sind schwerer zu bearbeiten. Ihre Eigenschaft wird von den winzigen Tonmineralen bestimmt, die in hohem Maß Wasser und Nährstoffe speichern können. Zwischen den Mineralen bleiben nur winzige Zwischenräume. Solche Böden weisen daher eine schlechte Durchlüftung und Wasserführung auf, außerdem verdichten sie leicht. Ein typischer Tonboden quillt nach starkem Regen auf, um bei anschließender Sonneneinwirkung zu schrumpfen und Risse zu bilden. Tonböden sind fruchtbar, denn ihre Teilchen liefern bei Zersetzung wertvolle Pflanzennährstoffe. In sehr schweren Tonböden sind dagegen Wasser und Nährstoffe zum Teil so fest gebunden, daß sie für die Pflanzenwurzeln nicht mehr verfügbar sind. Ein schwerer Tonboden ist daher – wie der leichte Sandboden – für den Gemüseanbau schlecht geeignet. Aber auch hier kann durch die genannten Maßnahmen zur Humusanreicherung im Laufe der Jahre ein brauchbarer Zustand erzielt werden. Zur Auflockerung wird außerdem Sand zugegeben. Durch gelegentliches Kalken unterstützt man die Bildung einer stabilen Krümelstruktur. Allerdings sollte die Kalkung immer nur nach einer Bodenanalyse erfolgen.

❁ Moorböden stellen eine Sonderform dar. Meistens handelt es sich um Sandböden, die eine dicke Humusschicht aufweisen. Solche Böden sind besonders fruchtbar. Sie speichern Wasser und Nährstoffe und sind leicht zu bearbeiten. Ihr einziger Nachteil besteht darin, daß sie wegen der aufsteigenden Bodenfeuchtigkeit stärker frostgefährdet sind.

❁ Lehmböden sind optimal für den Gemüseanbau: nährstoffreich und wasserhaltefähig. Bei ausreichendem Humusgehalt weisen sie zudem eine gute Krümelstruktur auf, so daß sie gut durchlüftet und leicht von Pflanzenwurzeln zu durchdringen sind. Der ideale Gartenboden enthält zu gleichen Teilen Sand, Lehm und Ton – aber den gibt es natürlich kaum. Die Übergänge zwischen den einzelnen Bodenarten sind fließend. Je nach den Anteilen der unterschiedlichen Korngrößen spricht man beispielsweise von lehmigem Sand oder tonigem Lehm.
Die Bodenart läßt sich auf recht einfache Weise feststellen: Nehmen Sie von leicht feuchter Gartenerde eine Probe in die Hand und kneten Sie die Erde fest zusammen, bis sie anzutrocknen beginnt. Fällt sie sofort auseinander und fühlen sich die Bodenteilchen deutlich wie Körnchen an, so liegt ein leichter Sandboden vor.
Sanderde ist meistens von hellbrauner Farbe. Wenn Sie einen schwereren Boden in der Hand zusammendrücken, so klebt er förmlich zusammen. Je mehr Tonbestandteile er aufweist, desto weniger fällt er auseinander. Läßt sich die Bodenprobe sogar

kneten, sozusagen modellieren, ohne daß sie anschließend zerbröckelt, dann haben Sie es mit einem Tonboden zu tun. Ton- und Lehmerde weist meistens eine braune Färbung auf.
Dagegen ist der humusreiche Moorboden von dunkelbrauner bis schwarzer Färbung und von krümeliger Struktur.

Humus

Gartenneulingen erscheint der Begriff Humus zunächst abstrakt. Erst im Laufe der „Gartenkarriere" erkennt, ja erfühlt man die Bedeutung dieses fruchtbaren Bodenbestandteils. Ob die Erde im Gemüsegarten gut oder schlecht ist, entscheidet nicht nur die Bodenart, sondern noch mehr der Gehalt an Humus. Gemeint ist damit die abgestorbene organische Substanz aus pflanzlichen und tierischen Bestandteilen.
Für die Pflanzen ist der Humus eine dauernd fließende Nährstoffquelle, die ihnen vor allem Stickstoff liefert. Auch Wasser wird – wie bei einem Schwamm – lange gehalten und bei Bedarf abgegeben. Ein hoher Humusgehalt macht also aus unfruchtbarem Sandboden eine brauchbare Gartenerde mit ausreichender Wasserhaltefähigkeit. In tonreichen Böden kittet er sozusagen die feinen Bodenteilchen zusammen und macht sie zu grobporigen Krümeln, so daß hier die Wasser- und Luftdurchlässigkeit erhöht wird. Je mehr Humus, desto besser sind also die Wachstumsbedingungen für die Pflanzen. Bei einer Bodenanalyse können Sie den Humusgehalt feststellen lassen. Ein guter Boden weist fünf bis acht Prozent Humus auf.

Bodenlebewesen

Erde ist keineswegs tote Materie, sondern höchst lebendig. Sie enthält eine riesige Anzahl von Bodenlebewesen, die Bodenfauna. Neben Regenwürmern, Asseln oder Tausendfüßern handelt es sich überwiegend um solche, die mit bloßem Auge nicht zu erkennen sind: Algen, Pilze, Bakterien oder Fadenwürmer zum Beispiel. Sie mischen und lockern den Boden, sorgen für die so wichtige Krümelbildung, zersetzen organisches Material und geben damit Nährstoffe frei. Mit wenigen Ausnahmen, wie z.B. schädlichen Fadenwürmern, sind diese Bodenlebewesen überaus nützlich. Häufiges Verteilen von Komposterde und der Schutz der Bodenoberfläche durch Mulchen vermehrt den Bestand der Bodenfauna und verbessert ihre Lebensbedingungen.
Ein hoher Regenwurmbesatz ist auch ein Zeichen für einen „lebendigen", fruchtbaren Gartenboden.

Durch regelmäßige Kompostgaben erhöht sich der Humusgehalt jedes Bodens. Das macht ihn fruchtbarer und verbessert die Wachstumsbedingungen für die Pflanzen.

Bodenprobe

Bevor Sie zum erstenmal die Gemüsebeete bestellen, sollten Sie den Boden unbedingt untersuchen lassen. Später empfiehlt es sich, die Bodenanalyse im Abstand von zwei bis drei Jahren zu wiederholen. Die Kosten für die Bodenuntersuchung (Stand 1992 DM 20 bis 30,–, vorher anfragen) und der geringe Arbeitsaufwand machen sich in jedem Fall bezahlt. Die vielfach immer noch übliche Düngung nach dem Motto „Viel hilft viel" verursacht unnötige Kosten, richtet häufig mehr Schaden an als sie Nutzen bringt und trägt zur Nitratanreicherung des Grundwassers bei. Dagegen können Sie die Pflanzen anhand der Düngeempfehlung, die Sie zusammen mit der Analyse erhalten, gezielt mit Nährstoffen versorgen. Und eine optimale Düngung ist eine wichtige Voraussetzung für gesunde Pflanzen und beste Ernten im Gemüsegarten.

Für die Bodenanalyse müssen Sie an verschiedenen Stellen im Garten – wenigstens ein Dutzend pro 100 Quadratmeter – Bodenproben entnehmen, vermischen und einen Teil davon an eine der Landwirtschaftlichen Untersuchungs- und Forschungsanstalten (LUFA) oder ein anderes Bodenuntersuchungsinstitut schicken; die Anschriften finden Sie am Schluß des Buches. Genaue Angaben über die Bodenentnahme und Kosten erfragen Sie direkt bei „Ihrer" LUFA. Die Analyse des Gartenbodens verrät Ihnen den genauen Gehalt der Hauptnährstoffe Phosphor und Kalium sowie den Säurewert (pH-Wert), und – das ist besonders wichtig – Sie erhalten eine Düngeempfehlung. Der beste Zeitpunkt ist im Spätwinter; in jedem Fall vor einer Düngung oder Kalkung der Beete.

In Gartenfachgeschäften werden auch Geräte und Analyse-Sets angeboten, mit denen man den Boden selbst testen kann. Wer Spaß am Hantieren mit Chemikalien hat, kann sich durch Mischen von Erdproben mit den angebotenen Essenzen und destilliertem Wasser ein ungefähres Bild vom Nährstoff- und Säuregehalt des Gartenbodens verschaffen. Abgesehen vom Stickstoffgehalt, der nur an Ort und Stelle festgestellt werden kann, ist jedoch eine Laboranalyse wegen ihrer größeren Genauigkeit vorzuziehen.

Mit Einschränkung empfehlenswert sind die Chemikalien-Sets zur Bestimmung des Säuregehalts im Boden.

Zwar ist das Resultat nicht ganz exakt, aber es zeigt zumindest, ob der Boden zu sauer oder zu alkalisch ist.

Bodenprobe entnehmen.

1. An wenigstens einem Dutzend Stellen im Garten werden spatentief Bodenproben entnommen.

2. Mit einem Löffel kratzt man an der Seite ein wenig Erde von unten nach oben ab und sammelt sie mit den anderen Proben in einem Eimer. 500 – 1000 g kommen in einen Kunststoffbeutel, der gut verschlossen und mit Ihrer Anschrift versehen wird. Dem Beutel fügen Sie ein Begleitschreiben bei, auf dem noch einmal Ihre Adresse und die Nutzungsart, in diesem Fall Gemüse, vermerkt wird.

pH-Wert im Gartenboden

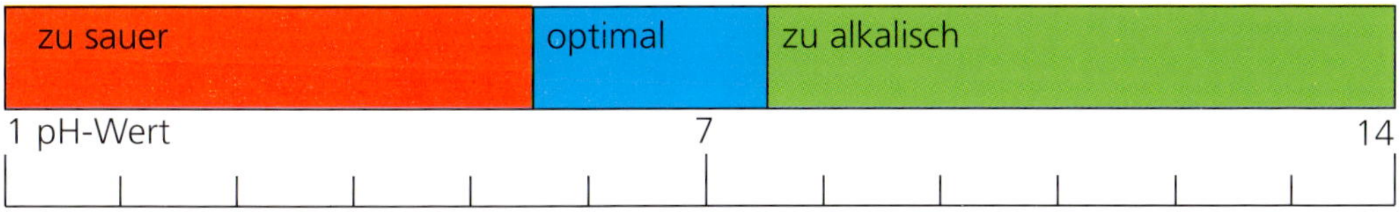

Der pH-Wert des Bodens hat eine wichtige Funktion: nur im neutralen Bereich um den pH-Wert 7 sind die im Boden vorhandenen Nährstoffe optimal für die Pflanzen verfügbar. Der pH-Wert sollte nicht weniger als 5,5 und nicht mehr als 7,5 betragen.

pH-Wert

Der Säuregehalt, pH-Wert genannt, spielt bei der Gartenerde eine besonders wichtige Rolle. Nur in einem neutralen Boden, der also weder sauer noch alkalisch (das Gegenteil von sauer) ist, können die Pflanzen die notwendigen Nährstoffe vollständig aufnehmen. Ein neutraler Boden weist einen pH-Wert von 7 auf. Liegt der pH-Wert weit darunter oder darüber, dann sind die Nährstoffe nicht für die Pflanzen verfügbar; selbst wenn der Boden reichlich gedüngt wurde.

Der pH-Wert entscheidet auch darüber, ob die Pflanzen eventuell im Boden vorhandene, schädliche Schwermetalle aufnehmen. Befindet sich der pH-Wert im neutralen Bereich, dann bleiben die Schwermetalle weitgehend im Boden gebunden und gelangen nur zu einem geringen Teil in die Pflanzenwurzeln. Ähnliches gilt für Radionuklide.

Radioaktiver Niederschlag wie nach der Atomkatastrophe von Tschernobyl gelangt zwar in den Boden, aber vom pH-Wert des Bodens hängt es ab, wieviel davon in die Pflanzen gelangt. In einem neutralen Boden ist also die Aufnahme von Nährstoffen hoch, die Aufnahme von Bodenschadstoffen dagegen gering. Und das macht die ganze Angelegenheit auch im Hobbygarten so bedeutend.

In einem Sandboden darf der pH-Wert zwischen 5,5 und 6 liegen. In einem Lehmboden ist ein Wert von 6,5 und 7 anzustreben; aber nicht mehr als 7,5.

Wenn die Untersuchung zeigt, daß der Boden neutral ist, dann ist alles bestens. Zeigt das Meßergebnis einen niedrigen Säuregehalt (= hoher pH-Wert), braucht man in der Regel ebenfalls nichts zu tun. Mit Torf oder besser Rindenhumus ließe sich ein allzu alkalischer Boden in den neutralen Bereich bringen. Ist der Säuregehalt dagegen zu hoch, der Boden also zu sauer (= zu niedriger pH-Wert), dann wird Kalk benötigt, um ihn wieder in den neutralen Bereich zu bringen. Der Gartenfachhandel bietet dafür kohlensauren Kalk oder Algenkalk an, der im Spätwinter dünn ausgestreut wird.

Ernteverfrühung

Anbau unter Folie und Vlies

Die erste Ernte des Jahres im Gemüsegarten ist immer ein besonderes Vergnügen. Frühgemüse wie Kohlrabi, Radieschen, Spinat oder zarten Salat kann man zwei bis drei Wochen zeitiger ernten, wenn das Beet mit lichtdurchlässiger Folie oder mit Vlies abgedeckt wird. Im Erwerbsanbau wird diese Methode schon lange mit großem Erfolg praktiziert.

Die Abdeckung, die den Erntevorsprung möglich macht, ist eine mit Löchern oder Schlitzen versehene Kunststoff-Folie; durchsichtig oder schwach eingefärbt. Zunehmend wird Kunststoffvlies verwendet. Dieses faserartige Abdeckmaterial aus Polypro-

Abdeckung mit Vlies, hier im Gewächshaus.

Verlegen einer Schlitzfolie.
1. Die Folie wird über die gerade gesetzten Jungpflanzen gelegt und glattgezogen. Vorteilhaft ist es, die Schlitzfolie einige Tage vor dem Pflanzen über das Beet zu legen, damit sich der Boden schon einmal erwärmen kann.

pylen ist weiß oder grün eingefärbt und bietet nur einen schemenhaften Durchblick. In der beschleunigenden Wirkung auf das Pflanzenwachstum schneidet Vlies noch etwas günstiger ab als Folie. Außerdem ist die Wasserdurchlässigkeit besser, der Frostschutz höher und das Gewicht niedriger. In optischer Hinsicht zeigt sich allerdings Folie im Garten etwas weniger aufdringlich als Vlies.

Die Beetabdeckung aus Kunststoff wirkt ähnlich wie ein Treibhaus: Die Sonnenstrahlen durchdringen die Folie oder das Vlies und werden beim Auftreffen auf feste Körper, hier auf Pflanzen und Erde, in Wärmestrahlen umgewandelt. Für Wärmestrahlung ist die Haube weniger durchlässig, so daß es unter der schützenden Abdeckung stets um einige Grad wärmer ist. Und das führt zu einem deutlichen Wachstumsvorsprung der Pflanzen.

Die Abdeckung kann schon einige Tage vor der Aussaat über die Beete gelegt werden, damit sich der Boden unter der Sonneneinwirkung rascher erwärmt. Es geht aber auch unmittelbar nach der Aussaat oder Pflanzung. Verführt durch den schützenden Kunststoff könnte sich mancher veranlaßt fühlen, schon Ende Februar zu säen. Der für die einzelnen Gemüsearten übliche Aussaattermin sollte jedoch auch bei Verwendung einer Abdeckung nicht zu sehr vorgezogen werden. Die Wirkung von Frost wird durch Folie nur geringfügig gemildert, weil durch die Schlitze und Löcher warme Luft entweicht und kalte Luft eindringen kann. Dagegen bildet sich auf der Vliesabdeckung bei Frost ein dünner, luftundurchlässiger Eisfilm, so daß Kälte nicht eindringen kann. In Versuchen ergab das einen Frostschutz bis minus 3 – 4 Grad C. Unter einer doppelten Vliesabdeckung blieben die Pflanzen sogar bei einer Außentemperatur bis minus 7 Grad C frostfrei.

Nach dem Auslegen der Folien- oder Vliesabdeckung beschwert man sie an den Seiten mit Steinen oder mit erdgefüllten Plastikbeuteln, damit bei stürmischem Wetter nichts wegfliegt. Selbst bei starker Sonneneinstrahlung sind keine Pflanzenschäden zu befürchten, weil unter dem Kunststoffschutz eine hohe Luftfeuchtigkeit herrscht. Voraussetzung ist allerdings ausreichende Bewässerung. Auch der Schutz vor Spätfrösten ist höher, wenn die Erde genügend

2. Am Rand muß man die Folie mit Steinen oder erdgefüllten Plastikbeuteln beschweren, damit sie bei stürmischem Wetter nicht davonfliegen kann. Zum Gießen muß man bei den kleinen Pflanzen die Folie besser noch abnehmen, damit eine gleichmäßige Feuchtigkeit gewährleistet ist.

3. Die Schlitzfolie wird auch oft als mitwachsende Folie bezeichnet, da sich die Schlitze öffnen, wenn die darunter wachsenden Gemüse mehr Platz benötigen. Die Bewässerung ist übrigens kein Problem mehr, wenn die Pflanzen größer geworden sind.

feucht ist. Vlies braucht beim Wässern nicht abgenommen zu werden. Dagegen muß die Loch- oder Schlitzfolie besser entfernt werden, um beim Gießen ungleichmäßige Wasserverteilung zu vermeiden. Schlitzfolie dehnt sich mit zunehmendem Pflanzenwachstum aus, so daß sie später beim Wässern auf dem Beet verbleiben kann.

Wie lange man die Abdeckung auf dem Beet liegen läßt, richtet sich nach dem Material und der Gemüseart. Folie wird spätestens zwei bis drei Wochen vor der Ernte entfernt. Vlies kann länger liegen bleiben. Bei Radieschen, Rettich, Kohlrabi und Möhren bis zum Erntebeginn. Bei Spinat und Salat nimmt man es einige Tage vor der Ernte ab, um den Pflanzen verstärkte Sonnenbestrahlung zu ermöglichen, damit der Nitratgehalt abnimmt. Bei den anderen Gemüsearten entfernt man die Vliesabdeckung nach Mitte Mai. Wählen Sie dafür unbedingt einen Tag mit bedecktem Himmel, denn die Pflanzen müssen sich erst an die volle Sonnenbestrahlung gewöhnen. Zwischendurch nimmt man die Folie lediglich zur Kontrolle oder zum Unkrauthacken hoch.

Neben den genannten Gemüsearten können Sie auch Möhren, Frühkartoffeln, Erbsen, Buschbohnen, Kohl und Gurken unter Folien anbauen. Für Tomaten gibt es spezielle Folienhauben. Ebenso kann mit Hilfe der Folie Rhabarber zum früheren Austrieb gebracht und auf dem Erdbeerbeet früher geerntet werden. Während der Erdbeerblüte muß man die Folie entfernen, damit die Blüten von Bienen besucht werden können.

Spezielle Folienhaube für Tomaten aus Lochfolie verfrüht die Ernte.

Folientunnel sind Mini-Foliengewächshäuser.

Im Herbst tritt die Folie gelegentlich noch einmal in Aktion, wenn ein längerer Erntetermin bei frostempfindlichen Gemüsearten gewünscht wird.
Neben den Flachfolien werden auch Folientunnel angeboten. Hier sind in die Folie Drahtbügel eingearbeitet, so daß ein knapp 50 cm hohes Minigewächshaus entsteht. Der Effekt ist derselbe wie bei der Flachfolie: Die Pflanzen wachsen schneller und können zeitiger geerntet werden. Bei sonnigem Wetter öffnet man den Folientunnel an den Stirnseiten, um Überhitzung zu vermeiden. Zum Wässern muß der Folientunnel abgenommen werden. Ungünstig ist die hohe Windanfälligkeit.

Frühbeet

Ein Frühbeet erlaubt, noch mehr als der Anbau unter Vlies und Folie, deutlich frühere Ernten. Das gilt vor allem für ein warmes Frühbeet mit einer Bodenheizung oder einer natürlichen Wärmequelle aus Tiermist und anderem Material. Aber auch ohne Heizung wird das Pflanzenwachstum allein durch den Treibhauseffekt beschleunigt.
Ein Frühbeet kann man selbst bauen oder als einfachen Bausatz fertig kaufen. Das gemauerte Frühbeet ist heute nicht mehr sonderlich gefragt. Statt dessen verwendet man solche aus Holz, Kunststoff oder Leichtmetall.
Der Wanderkasten stellt eine besonders einfache Lösung dar: ähnlich wie ein Sandkasten (als solcher kann er im Sommer auch genutzt werden) besteht er aus einem Bretterrahmen, der mit einem Fenster oder einem mit Folie bespannten Lattenrahmen abgedeckt wird. Der Vorteil besteht vor allem darin, daß der Wanderkasten jeweils da plaziert wird, wo man ihn gerade benötigt.
Das übliche Frühbeet aus einem stabilen Holzrahmen bleibt dagegen zumeist am selben Standort. Es besteht aus mindestens 2 cm starkem Fichtenholz, besser noch aus Hartholz wie beispielsweise Eiche; in jedem Fall mit einem pflanzenverträglichen Holzschutzmittel behandelt. Die Höhe des Holzrahmens beträgt vorn 35 cm, hinten 50 cm, wovon jeweils 10 cm in der Erde eingegraben sind. Auf jeden Fall sollte das Frühbeet hinten deutlich höher als vorn sein, damit die Sonneneinstrahlung günstiger ist und Regenwasser ablaufen kann.
Bewährt hat sich ein Beetmaß von 100 cm Breite und 150 cm Länge, festgelegt durch die genormten deutschen Frühbeetfenster. Gewöhnlich werden wenigstens drei solcher Fenster nebeneinander gesetzt, so daß

Glauben Sie es? Selbst hier wachsen Frühgemüse im warmen Frühbeet (mit elektrischer Bodenheizung oder einer Packung).

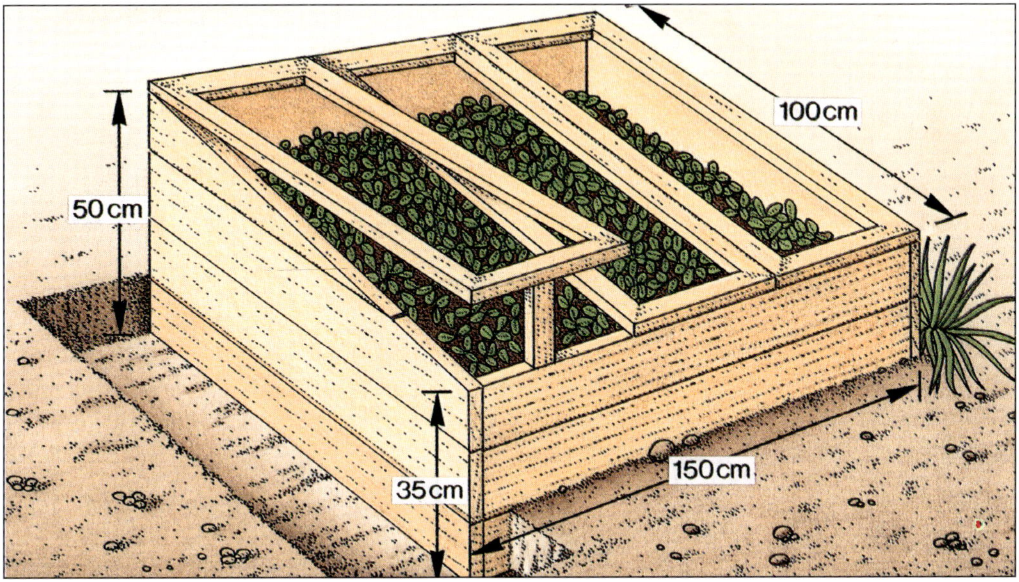

Ein Frühbeet in „klassischer" Selbstbauweise: Als Glasabdeckung können ausgediente Fenster dienen. Der Rahmen wird aus kräftigen Holzbrettern gefertigt, die 10 cm tief in den Boden reichen. Die Fenster sollen geneigt sein, damit das Sonnenlicht besser ausgenutzt wird und Regenwasser von den Scheiben ablaufen kann.

die Mindestbreite 3 m beträgt. Die sogenannten Holländer-Fenster weisen eine Größe von 80 × 150 cm auf. Wenn Sie ausgediente Fenster für einen Eigenbau verwenden, wird natürlich das Maß hiervon bestimmt.

Fertig-Frühbeete weisen abweichende Maße auf. Wichtig ist beim Kauf, daß Sie vorrangig auf eine ausreichende Stabilität

Frühbeete mit Bodenheizung (hier rotes Bodenheizkabel sichtbar) gewährleisten noch frühere Ernten als Folien und Vliese.

achten. Anstelle der bei Eigenbauten früher üblichen Fenster als Abdeckung verwendet man heute vorwiegend Acrylglas. Es ist weitgehend bruchfest und bietet bei Ausführung als Stegdoppelplatte außerdem eine ausgezeichnete Wärmedämmung. Preiswert ist Noppenfolie als Abdeckung.

Selbstverständlich muß der Standort fürs Frühbeet sonnig und möglichst auch windgeschützt sein.

<u>Warmes Frühbeet:</u> Das Mistbeet früherer Tage ist weitgehend durch andere, moderne Heizmöglichkeiten ersetzt worden. An erster Stelle ist hier das elektrische Bodenheizkabel zu nennen, das in der Erde verlegt und über einen Thermostat gesteuert wird. Doch die „Naturheizung" in Form einer Packung aus Pferde- oder Rindermist oder einfach aus Garten- und Küchenabfällen findet bei Hobbygärtnern wieder zunehmend Gefallen. Sie kostet zudem wenig oder gar nichts.

Ein warmes Frühbeet packen.
1. Die „Packung" fürs Frühbeet, frischer Tiermist, wird erst einmal zwei Tage lang gelagert; mit Folie abdecken.

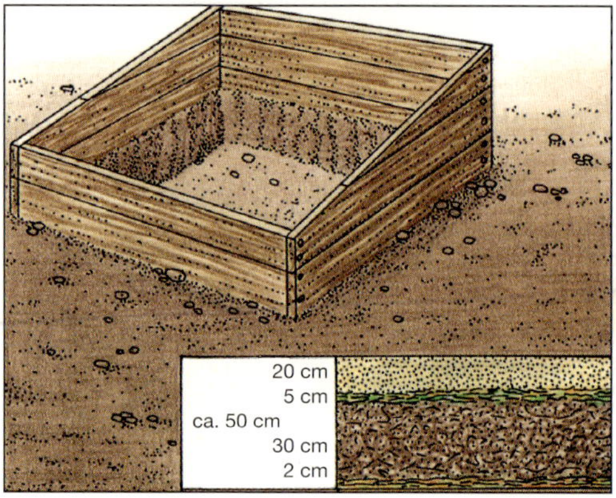

2. Eine bis zu 50 cm tiefe Mulde wird ausgehoben und mit Laub ausgelegt. Darüber kommt 30 cm hoch der Mist, dann 5 cm hoch Laub und schließlich eine 20 cm dicke Erdschicht.

Pferdemist für die Packung kann bereits ab Mitte Februar eingefüllt werden. Der strohige und nicht zu nasse Mist wird zunächst zwei Tage lang neben dem Frühbeet aufgeschichtet und mit einer Folie abgedeckt. Im Frühbeet wird eine 40 – 50 cm tiefe Mulde ausgehoben und mit Laub oder Stroh als Isolierung ausgekleidet. Darüber kommt der Pferdemist in einer Stärke von mindestens 30 cm, noch einmal mit einer 5 cm dicken Laubschicht abgedeckt. Nach drei Tagen muß der Mist gut festgetreten werden. Erst dann folgt die Erde in einer 20 cm dicken Schicht.
Bei der Verwendung einer Packung aus Rindermist verfährt man ähnlich, beginnt aber erst Ende Februar, weil die Wärmeentwicklung etwas geringer ist.

Es kann gar nicht oft genug betont werden, wie wichtig das Lüften der Frühbeete an sonnigen Tagen ist. Hier ein selbstlüftendes Frühbeet.

Eine andere Möglichkeit besteht darin, eine Packung aus Laub zu verwenden. Das im Herbst gesammelte und trocken gelagerte Laub wird lagenweise befeuchtet und festgetreten. Es dauert allerdings knapp zwei Wochen, bis die Verrottung beginnt und Wärme freigesetzt wird. Noch wirksamer ist diese Packung, wenn Sie dem Laub organische Abfälle aus dem Garten und vor allem aus der Küche hinzufügen und etwas Hornmehl daruntermischen.
Das warme Frühbeet muß vor Kälte geschützt sein, beispielsweise mit einer dicken Laubschicht an den Außenwänden. In kalten Nächten wird es außerdem mit Strohmatten oder Noppenfolie abgedeckt. Ebenso wichtig wie die Frostabwehr ist der Schutz vor Überhitzung. Denn weitaus mehr als die Packung sorgt die Frühjahrssonne für hohe Temperaturen unter der Glas- oder Folienabdeckung. Rechtzeitiges Lüften ist unbedingt vonnöten. Automatische, stromlose Fensteröffner sind als Zubehör empfehlenswert.
Bevorzugte Gemüsearten für das Frühbeet sind Salat, Spinat, Kohlrabi, Radieschen und

3. Bevor die obere Erdschicht aufgefüllt wird, läßt man den Mist zunächst weitere drei Tage ruhen und tritt ihn anschließend mit den Stiefeln fest.

früher Rettich sowie Kräuter. Für die Jungpflanzenanzucht ist es ebenfalls bestens geeignet. Im Sommer kann das Frühbeet noch für die Kultur von Gurken, Kürbissen oder Melonen genutzt werden.

Hochbeet

Das Hochbeet hat in den vergangenen Jahren beachtliche Verbreitung gefunden. Die Vorteile, die der Anbau von Gemüse im erhöhten Beet bietet, sind überzeugend: Man kann im Frühjahr zeitiger und im Herbst länger ernten, der Ertrag ist deutlich höher als im gewöhnlichen Flachbeet, und die Bearbeitung der Beetfläche ist ohne lästiges Bücken und Knien möglich.
Aber kein Vorteil ohne Nachteil: Der Aufbau eines Hochbeets ist keineswegs im Handumdrehen erledigt, sondern erfordert viel Zeit und auch einige Mühe. Bastlerisches Geschick braucht man außerdem, damit die Konstruktion ausreichend stabil ist. Und schließlich sollten Sie nicht am Material sparen, denn davon hängt die Haltbarkeit ab. Die Einfassung des Hochbeets kann man aus Mauersteinen oder Holz bauen.
Geeignet ist Kantholz von wenigstens 4 cm Stärke, Rundhölzer mit einem Mindest-

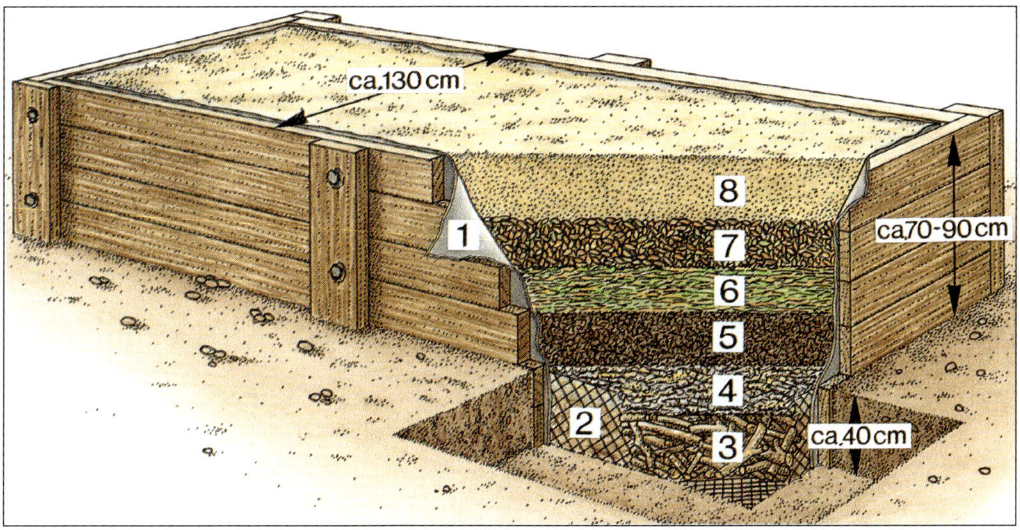

Schematischer Aufbau des Hochbeet-„Innenlebens“: Grobes Holz, dicke Äste ③; Zeitungen, Pappe ④, Gehölzschnitt ⑤; Pflanzenabfälle ⑥; Laub ⑦; halbreifer Kompost, darüber Gartenerde und verotteter Kompost ⑧. Der Rahmen besteht aus stabilen Kanthölzern. Die senkrechten Stützpfähle müssen ausreichend tief in die Erde eingegraben sein. Empfehlenswert ist das Auskleiden der Innenseiten mit Teichfolie ⑦, vor allem aber das Auslegen von Maschendraht gegen Wühlmäuse im Boden ②.

durchmesser von 8 cm oder Holzschwellen. Sie müssen druckimprägniert oder mit einem pflanzenverträglichen Holzschutzmittel behandelt sein. Um ein Durchbiegen von Kanthölzern nach außen zu verhindern, sollten seitlich zusätzlich senkrechte Stützpfähle angebracht werden; oder man verbindet die Seitenwände mit kräftigem Draht. Empfehlenswert ist das Auskleiden der Innenseiten mit Teichfolie, vor allem aber das Auslegen von Maschendraht im Boden, damit keine Wühlmäuse eindringen können.

Die Einfassung kann auch aus Ziegelsteinen oder Hohlblocksteinen gemauert sein; letztere gewähren zusätzlich eine Wärmedämmung. Bei einer ausreichend breiten Einfassung besteht außerdem die Möglichkeit, das Hochbeet später äußerst komfortabel bearbeiten zu können, indem man sich auf den Rand setzt.

Die Breite des Hochbeets beträgt 100 bis höchstens 130 cm. Breiter sollte es nicht sein, weil sonst die Pflege der Beetfläche erschwert wird. Die Länge richtet sich nach der vorhandenen Fläche und der Menge des Füllmaterials. Als günstige Beethöhe für eine bequeme Bearbeitung gelten 75 – 90 cm; je nach individueller Körperlänge. Vor dem Bau der Einfassung hebt man eine ca. 40 cm tiefe Mulde aus. Die ausgegrabene Muttererde aus der oberen Bodenschicht wird beiseite gelegt; sie dient später als Abdeckung der Hochbeetfläche.

Als Füllmaterial kommen alle verrottbaren Abfälle aus Garten und Haushalt in Frage, wie sie auch für die Kompostierung verwendet werden. Die untere Schicht besteht aus groben Holzresten, beispielsweise Baumstümpfe und dicke Äste. Darüber kommt eine Schicht aus Pappkartons und Zeitungen und eine weitere Schicht aus feineren Gehölzresten, die wiederum mit allen möglichen anderen Pflanzenabfällen bedeckt werden.

Wenn das Hochbeet auf einer Rasenfläche angelegt wird, kann man die vorher ausgestochenen Grassoden umgekehrt auf die Schicht mit den Pflanzenabfällen legen. Schließlich wird das Ganze mit einer dicken Laubdecke und mit halbfertigem Kompost aus einem noch nicht vollständig verrotteten Komposthaufen bedeckt. Die obere Schicht besteht aus der vorher ausgehobenen Gartenerde und verrottetem Kompost. Sie muß ausreichend dick sein, denn die Pflanzenwurzeln sollten möglichst nicht in die untere Rotteschicht wachsen. Zur Streckung des

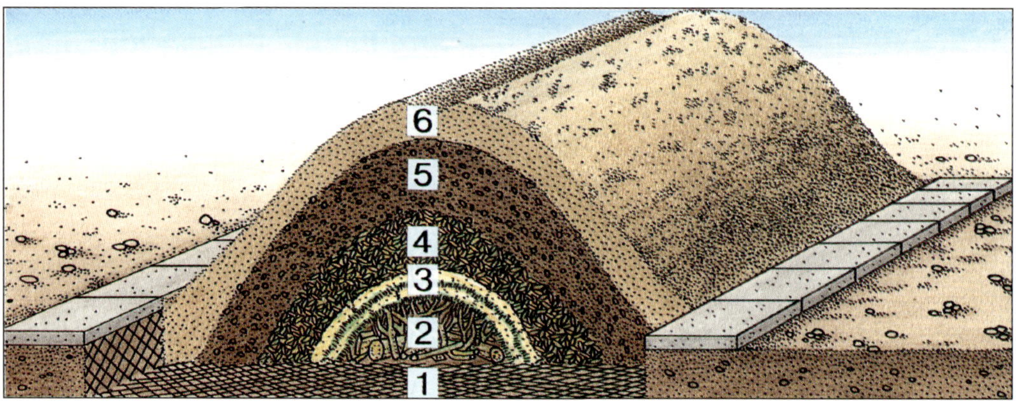

Hügelbeet im Querschnitt. Das Füllmaterial entspricht weitgehend dem des Hochbeets: grobes Holz ①, Draht gegen Wühlmäuse, ②, Papier/Pappe, darüber feinerer Gehölzschnitt ③, Pflanzenreste und Laub ④, Kompost ⑤, zuletzt kommt eine dicke Schicht Gartenerde darüber ⑥ Der Plattenweg um das Hügelbeet erleichtert den Zugang.

Füllmaterials und zur besseren Verbindung der aufgeschichteten Gartenabfälle wird immer wieder Erde und auch Sand aufgefüllt. Beim „Packen" muß zwischendurch immer wieder ausgiebig gewässert werden, damit eine Verbindung von der Bodenfeuchtigkeit zur Oberfläche gegeben ist.
Die bei der Verrottung auf natürliche Weise freigesetzten Nährstoffe machen das Hochbeet zu einer idealen Anbaufläche für sogenannte Starkzehrer wie Tomaten, Gurken, Lauch, Zucchini, Kohl und Sellerie. Die düngende Wirkung ist in den ersten beiden Jahren erheblich, so daß in dieser Zeit zunächst kein nitratanreicherndes Gemüse wie Salat, Spinat, Chinakohl oder Rote Bete angebaut und keinesfalls zusätzlich gedüngt werden sollte.
Der Mehrertrag gegenüber Flachbeeten ist enorm: In Versuchen wurde in Hochbeeten die dreifache Erntemenge erzielt. Möglich wird das durch die verlängerte Anbauperiode, denn die bei der Verrottung der Abfälle entstehende Wärme läßt eine frühere Bestellung und eine Ausdehnung des Erntetermins zu. Nach dem ersten Anbaujahr sackt die Beetoberfläche erheblich ab, und auch die folgenden Jahre ist noch mit – allerdings geringerem – Absacken zu rechnen. Es muß also genügend Komposterde zum Nachfüllen vorhanden sein. Eine weitere Besonderheit des Hochbeets besteht darin, daß der Wasserbedarf höher ist als im Flachbeet.

Gewächshaus

Auswahl

Das Glashaus eröffnet im Gemüseanbau ungeahnte Möglichkeiten: erheblich frühere Ernten im Frühjahr, längere Erntezeiten im Herbst, problemlose Anzucht von Jungpflanzen und vor allem die Kultur solcher Gemüsearten, deren Ernte im heimischen Klima überhaupt nur unter Glas möglich ist.

Folienhaus mit Salaten und Kohlrabi.

Für den Anbau von Gemüse genügt in der Regel eine vergleichsweise schlichte Gewächshauskonstruktion. Das beginnt beim Foliengewächshaus, das entweder aus einem stabilen Holzgerüst selbstgebaut oder aus Stahlrohr-Fertigelementen zusammengesetzt wird. Die Folie aus Polyäthylen hält vier bis fünf Jahre; danach nimmt ihre Lichtdurchlässigkeit ab, und sie muß erneuert werden.
Glas ist die bervorzugte Abdeckung von Gewächshäusern. Es läßt von allen Materialien am meisten Licht durch. Am billigsten ist 3 mm dickes Glas, gebräuchlicher und stabiler Glas mit einer Stärke von 4 mm. Blankglas entspricht dem normalen Glas; es ist auf beiden Seiten plan und durchsichtig. Genörpeltes Klarglas ist durchscheinend und auf der Innenseite ungleichmäßig gewellt. Wegen seines lichtstreuenden Effekts wird es bevorzugt in südlicheren Gegenden verwendet. Doppelglas ist nur bei beheizten Gewächshäusern erforderlich.
Glas wird zunehmend durch Kunststoff ersetzt. Zumeist als Doppelscheiben angebo-

Gewächshaus im Frühjahr: problemlos kann Gemüse vorgezogen werden.

ten, bieten Kunststoffabdeckungen einen besseren Kälteschutz, und außerdem sind sie einigermaßen bruchfest.
Empfehlenswert ist Acrylglas („Plexiglas®"), weil bei diesem Material die Lichtdurchlässigkeit im Laufe der Jahre nur wenig abnimmt.
Aluminiumprofile haben sich als Baumaterial für Hobbygewächshäuser durchgesetzt. Sie sind leicht, aber stabil und können an vorgebohrten Löchern einfach verschraubt werden. Auch die Montage der Verglasung mit Hilfe elastischer Dichtungen ist problemlos. Eigenbauten aus Holz müssen mit einem pflanzenverträglichen Holzschutzmittel behandelt werden.
Der Standort fürs Gewächshaus muß unbedingt vollsonnig sein. Bei einer rechteckigen Grundfläche sollte die Längsseite in Nord-Süd-Richtung liegen, um die Sonneneinstrahlung optimal auszunutzen. Als Fundament genügen in der Regel die von den Gewächshausherstellern angebotenen Fertigfundamente, oder man setzt die Konstruktion auf Mauersteine oder Holzbalken. Nur bei einem Glashaus, das im Winter durchgehend beheizt wird, ist ein 80 cm tief reichendes, frostfreies Streifenfundament nötig.
Achten Sie schon beim Kauf des Gewächshauses auf ausreichende Höhe, denn Tomaten und Gurken zeigen unter Glas einen stärkeren Höhendrang als im Freiland. Senkrechte Wände sind wegen der besseren Platzausnutzung vorteilhaft.

Man sollte das Gewächshaus so groß wie möglich wählen; in der Praxis wird es ohnehin innerhalb kurzer Zeit viel zu klein sein. Als Grundfläche sind 10 – 12 m² das Minimum.

Ausstattung

Die Ausstattung muß nicht sonderlich aufwendig sein. Eine Heizung ist für die Übergangszeit empfehlenswert, aber nicht zwingend notwendig. Die Dauerheizung während der Wintermonate bietet scheinbar verlockende Möglichkeiten, doch der hohe Energieaufwand spricht klar dagegen. Für den Anbau von Frühgemüse schon ab dem Spätwinter und für die Ausdehnung der Erntezeit bis zum Spätherbst ist nur ein vergleichsweise geringer Heizaufwand erforderlich. Hier reicht häufig schon ein schlichter Heizlüfter, um in Frostnächten Schäden zu verhindern. Besser ist natürlich ein fest installierter Heizkörper. Die geringsten Energiekosten verursacht eine Heizung, die mit der Zentralheizung des Wohnhauses gekoppelt ist.
Ausreichende Belüftung ist unbedingt vonnöten. Die Gesamtfläche der Lüftungsöffnungen sollte mindestens 10 Prozent der Glasfläche betragen. Die zum Lieferumfang zählenden Lüftungsklappen reichen oft

Ausreichende Lüftung ist für erfolgreiches Gewächshausgärtnern unerläßlich.

Im Gewächshaus muß – besonders an sonnigen Tagen – sehr viel gegossen werden.

nicht aus. Automatische, stromlose Fensteröffner sind von Vorteil; mindestens zwei Lüftungsklappen an der Ostseite sollten damit ausgestattet sein. Wird im Sommer rechtzeitiges Lüften versäumt, kommt es unweigerlich zur Überhitzung; und das halten die meisten Pflanzen nicht lange aus.
Dagegen können Sie auf eine Schattierung getrost verzichten. Einzig Gurken vertragen pralle Sonne nicht so gut. Aber abgesehen von ein paar braunen Blättern, die direkt unter dem Glasdach möglich sind, tragen selbst die Gurken kaum Schaden davon. Und alle anderen Gemüsepflanzen brauchen so viel Sonne wie möglich. Nur muß, das kann man gar nicht oft genug sagen, bei sonnigem Wetter, erst recht aber in der Sommerhitze, immer für ausreichende Lüftung gesorgt sein.
Sinnvoll ist ein Wasseranschluß im Gewächshaus. Dadurch wird außerdem die Installation einer automatischen Bewässerung möglich. Eine solche Einrichtung ist im Glashaus kein Luxus, denn der Wasserbedarf ist hier höher als im Freiland, und gleichmäßige Bodenfeuchtigkeit trägt entscheidend zum Ernteerfolg bei. Überflüssig für den Gemüseanbau sind dagegen Luftbefeuchter und elektrische Ventilatoren als Luftumwälzer. Für die Jungpflanzenanzucht benötigt man noch Kulturtische oder Hängeregale, eventuell ein Wärmebeet, und damit ist die Ausstattung auch schon vollkommen.

Gemüseanbau unter Glas

Theoretisch können Sie im geheizten Glashaus den Winter zum Sommer machen. Die dafür erforderlichen Energiekosten lassen das allerdings wenig sinnvoll erscheinen. So braucht man beispielsweise ca. 300 l Heizöl, um ein Kleingewächshaus von 7,5 m² Fläche einen Winter lang bei einer Mindesttemperatur von 8 Grad C zu halten. Die doppelte Temperatur von 16 Grad C erfordert nicht etwa die doppelte, sondern die dreifache Heizölmenge. Bei bester Isolierung und einem größeren Gewächshaus ist zwar der Energieaufwand relativ günstiger, aber lohnend wird der Gemüseanbau dadurch immer noch nicht. Außerdem wäre Zusatzbelichtung erforderlich, weil das Sonnenlicht im Winter nicht ausreicht – ein teures Vergnügen.
Praxisgerecht ist dagegen die gegenüber dem Freiland weit vorgezogene Aussaat von Gemüse, um eine zeitigere Ernte zu ermöglichen. Denn dafür genügt bereits ein schwach beheiztes Gewächshaus mit einer Durchschnittstemperatur von 10 Grad C tagsüber und 5 Grad C nachts. Das ist auch der Temperaturbereich, der für die Überwinterung von Kübelpflanzen nötig ist. Unter solchen Bedingungen kann man schon ab Anfang Februar vor allem Kohlrabi, Radieschen, Eissalat, Pflücksalat und Kopfsalat säen oder pflanzen.
Im Gewächshaus ohne Heizung wartet man mit der Aussaat von Frühgemüse bis Ende Februar. In klimatisch ungünstigen Gebieten kann man sich bei späten Frosteinbrüchen mit einer Zusatzheizung oder

durch Abdecken der Beetflächen mit Vlies oder einfach mit Zeitungspapier behelfen. Zur Erwärmung der Bodenfläche ist auch eine Packung aus Tiermist oder die Verwendung eines Bodenheizkabels, wie im Kapitel Frühbeet beschrieben (siehe Seite 26), möglich. Den genannten Gemüsearten schadet allerdings kurze Frosteinwirkung nicht. Sie dürfen nur nicht zu naß gehalten werden. Grundsätzlich können Sie auch Frühkohl und anderes Gemüse unter Glas heranziehen, aber gewöhnlich reicht der Platz nicht. Bevorzugt werden zudem solche Gemüsearten, die das Beet möglichst bald wieder räumen, damit es ab Mai Tomaten & Co. zur Verfügung steht.

Für die Anzucht von Tomaten, Auberginen und Paprika, deren Samen erst bei 20 Grad C keimen, muß man keineswegs das ganze Gewächshaus auf diese Temperatur bringen. Sie werden einfach zunächst auf der Fensterbank im warmen Wohnzimmer gesät. Bis sie als Jungpflanzen ins Glashaus kommen und ins Grundbeet gesetzt werden, ist es hier bereits ausreichend warm. In der Praxis wird die Gewächshausfläche ohnehin meistens bis Mitte Mai vorwiegend für Frühgemüse und für die Jungpflanzen der hier ausgesäten Sommerblumen benötigt. Es genügt

Schlangengurken und Melonen wachsen zufriedenstellend nur im Gewächshaus.

Erntezeit – schönste Zeit.

also, Mitte März Tomaten, Paprika und Auberginen, Mitte April Gurken und Melonen auszusäen. Nach Mitte Mai haben sie dann die richtige Größe, um ins Grundbeet des Gewächshauses gepflanzt zu werden. Ende Juni ist dann schon mit den ersten Gurken, ab Juli mit dem Beginn der Tomatenernte zu rechnen.

Für den Anbau von Frühgemüse sollte die Gewächshaustemperatur 20 Grad C im Frühjahr nicht übersteigen. Bei Sonnenschein muß unbedingt rechtzeitig gelüftet werden, damit der Treibhauseffekt das Thermometer nicht zu stark klettern läßt. Frischluft ist den Pflanzen weitaus förderlicher als stickige Wärme. Aber auch die wärmebedürftigen „Südländer", die im Sommer unter Glas wachsen, mögen nur maßvolle Wärme; spätestens bei 33 Grad C Innentemperatur müssen alle Lüftungsmöglichkeiten geöffnet sein. Im Herbst sind dann noch Spinat, Feldsalat und Endivien an der Reihe. Sie alle bevorzugen ebenfalls viel Frischluft. Vor allem aber dürfen sie nur schwach gedüngt werden, um eine Nitratanreicherung zu vermeiden. Grundsätzlich sollte im Gewächshaus bevorzugt organischer Dünger verwendet werden, damit keine Versalzung des Bodens auftritt.

Anbauplanung

Fruchtwechsel

Es ist keineswegs beliebig, welche Gemüsearten auf den einzelnen Beeten angebaut werden. Wenn Sie beispielsweise jedes Jahr Salat auf derselben Fläche aussäen oder pflanzen, treten bald zwangsläufig Schädlinge und Krankheiten auf, und der Ernteertrag vermindert sich. Dasselbe gilt für fast alle anderen Gemüsearten, wenn Sie dem Boden keine Abwechslung gönnen.
Im Gemüseanbau nennt man das jährliche Wechseln der Beetflächen Fruchtwechsel. Ein systematischer Fruchtwechsel nach Plan verhindert Bodenmüdigkeit, einseitiges Ausnutzen der Bodennährstoffe, Übertragung von Krankheiten und Ausbreitung im Boden überwinternder Schädlinge. In jedem Fall sollte deshalb ein Anbauplan skizziert werden.

- Keine Gemüsearten aus derselben Pflanzenfamilie nacheinander auf einem Beet anbauen! Im Kapitel Gemüse-Portraits (ab Seite 73) werden die Familien jeweils genannt. Dadurch vermeiden Sie den Befall mit Krankheiten, die im Boden überdauern und übertragbar sind.

Hier wachsen Kopfsalat und Kohlrabi in guter Nachbarschaft zusammen.

- Keine Starkzehrer nacheinander auf demselben Beet anbauen! Dadurch vermeiden Sie, daß manche Nährstoffe nicht mehr ausreichend vorhanden sind.

Nach ihrem Nährstoffbedarf teilt man die Gemüsearten in drei Gruppen auf:

- Starkzehrer sind die Gemüsearten mit hohen Nährstoffansprüchen: Chicorée, Kartoffeln, fast alle Kohlarten, Kürbis, Neuseeländer Spinat, Rhabarber, Sellerie, Spargel, Zucchini und Zuckermais.
- Mittelzehrer sind die Gemüsearten mit mäßigem Nährstoffbedarf: Auberginen, Endivien, Gurken, Kohlrabi, Mangold, Meer-

Hohen Düngerbedarf weisen u.a. Kohl, Sellerie und Kartoffeln auf.

Einen mittleren Düngerbedarf haben u.a. Tomaten, Lauch und Bohnen.

Wenig Dünger brauchen u.a Salat, Radieschen und Zwiebeln.

rettich, Melonen, Lauch, Paprika, Rettich, Rote Bete, Schwarzwurzeln, Spinat, Stangenbohnen und Tomaten.

❁ Schwachzehrer weisen den geringsten Nährstoffbedarf auf. Dazu zählen Buschbohnen, Erbsen, Feldsalat, Knollenfenchel, Kopfsalat, Radieschen, Zwiebeln, die meisten Gewürzkräuter und Blumen. Die Aufteilung gibt nur einen groben Überblick über den Nährstoffbedarf der Gemüsearten. Manche lassen sich nicht exakt einer Gruppe zuordnen. So wird Salat gelegentlich zu den Mittelzehrern gerechnet, während Gurken den Starkzehrern zugeteilt sind.

Eine ideale Fruchtfolge besteht darin, daß den Starkzehrern im zweiten Jahr Mittelzehrer folgen, im drittten Jahr Schwachzehrer und im vierten Jahr – nach einer kräftigen Grunddüngung – schließlich wieder Starkzehrer. Dieser Turnus von drei Jahren hat sich bestens bewährt. Allerdings läßt sich die Reihenfolge in der Praxis nicht immer exakt einhalten. Wenn es sich nicht vermeiden läßt, daß nach Starkzehrern ausnahmsweise erneut Starkzehrer angebaut werden, kann man den höheren Nährstoffverbrauch durch doppelte Kompostgaben ausgleichen. Aber Sie sollten immer das Prinzip des Fruchtwechsels im Auge behalten, nach dem sich Pflanzen von dem ernähren, was die vorherigen übriglassen.

Jahr	Beet 1	Beet 2	Beet 3	Beet 4
1	Kartoffeln Buschbohnen	Zuckermais Spinat	Möhren Feldsalat	Rettich Winterporree
2	Rettich Winterporree	Kartoffeln Buschbohnen	Zuckermais Spinat	Möhren Feldsalat
3	Möhren Feldsalat	Rettich Winterporree	Kartoffeln Buschbohnen	Zuckermais Spinat
4	Zuckermais Spinat	Möhren Feldsalat	Rettich Winterporree	Kartoffeln Buschbohnen

Jahr	Beet 5	Beet 6	Beet 7	Beet 8
1	Spinat Möhren	Schwarzwurzeln	Kohlrabi Neuseeländer Spinat	Eissalat Gurken + Zucchini
2	Eissalat Gurken + Zucchini	Spinat Möhren	Schwarzwurzeln	Kohlrabi Neuseeländer Spinat
3	Kohlrabi Neuseeländer Spinat	Eissalat Gurken + Zucchini	Spinat Möhren	Schwarzwurzeln
4	Schwarzwurzeln	Kohlrabi Neuseeländer Spinat	Eissalat Gurken + Zucchini	Spinat Möhren

Auswahl geeigneter Mischkulturpartner im Gemüsegarten

Gemüseart	Artischocke	Buschbohne	Chinakohl	Endivie	Erbse	Feldsalat	Gurke	Grünspargel	Kartoffel	Knollenfenchel	Kohlarten	Kohlrabi	Kopfsalat	Mairüben	Mangold	Möhre	Neuseeländer Spinat	Paprika	Pastinake	Porree/Lauch	Radieschen	Rettich	Rhabarber	Rote Bete	Schwarzwurzeln	Sellerie	Spargel (Bleich-)	Spinat	Stangenbohne	Tomate	Zichoriensalate	Zucchini	Zuckermais	Zwiebel
Artischocke							■		X				■													■								
Buschbohne					X		■		■	X	■	■	■	■	■	X				X	■	■	■	■		■		■		■				X
Chinakohl		■			■				X		X		■			■				X	X	X						■						
Endivie		■								■	■	■				■				■	■	■							■	■				■
Erbse		X							X	■	■	■	■	■		■				X	■	■	■	■		■		■	X	X			■	X
Feldsalat											■	■								■	■		■					■	■					■
Gurke		■			■				X	■	■	■	■								X	X		■		■		■	■	X			■	■
Grünspargel		■			■				X			■	■			■					■									■				X
Kartoffel		■			X		X				X	■							■					X		X		■		X			■	
Knollenfenchel		X		■	■	■	■				■	■	■															■	X	X	■			
Kohlarten		■		■	■	■	■		X	■			■		■	■					■	■	■	■		■		■	■	■				X
Kohlrabi		■	X		■	■	■		■				■					■		■	■	■		■	■	■	■	■	■	■				■
Kopfsalat		■			■		■			X	■	■		■						■	■	X	■			X			■	■				■
Mairüben		■			■								■		■				■							■		■	■	■				
Mangold		■									■	■	■	■		■					■	■		X				X	■					
Möhre					■						■	■	■		■					■	■	■			■	■		■		■				■
Neuseeländer Spinat												■	■								■	■								■				
Paprika		X					■					■																	X	■				
Pastinake									■				■	■							■	■		■		■		■						■
Porree/Lauch		X		■	X	■	■						■			■					■	■		X	■	■		■	X	■				■
Radieschen		■	X		■		X					■	■		■	■			■	■								■	■	■				X
Rettich		■	X		■		X					■	■		■	■			■	■								■	■	■				X
Rhabarber		■				■					■	■	■															■						
Rote Bete		■			■	■	■		X		■	■	■			X			■	X	■	■						X	X	X			X	■
Schwarzwurzeln												■	■			■				■														■
Sellerie		■			■		■		X		■	■				■			■	■								■	■				X	
Spargel (Bleich-)												■	■																					
Spinat		■					■		■		■	■		■		■			■	■	■	■	■	X		■			■	■				X
Stangenbohne				■	X	■	■		■	X	■	■	■	■						X	■	■				■		■		■		■	■	X
Tomate		■			X		■		X	■	■	■	■			X	■	■		■	■	■		X		■		■			■		X	■
Zichoriensalate										■			■			■								■					■	■				■
Zucchini					■				X				■									X						■	■	X			■	■
Zuckermais		■			■		■						■													X		■	■		■			
Zwiebel		■			X	■	■		X		X	■	■			X			■		X	X			■		X		■		■			

■ günstige Kombination

X ungünstige Kombination

□ neutrale Kombination oder keine Erfahrungen vorliegend

Eine harmonische Mischkultur: Zwiebeln, Möhren und Studentenblumen (Tagetes) *auf einem Beet.*

In den vorstehenden Tabellen (siehe S. 36) sind acht Kulturfolgen mit Vorkultur, Hauptkultur oder Nachkultur als Beispiele angegeben.

Mischkultur

Die Mischkultur bezeichnet eine Anbauweise, bei der solche Gemüsearten im Beet nebeneinander wachsen, die besonders gut miteinander harmonieren: sie begünstigen sich gegenseitig im Wachstum oder wehren wechselseitig Schädlinge ab. Die Beeinflussung des Wachstums von Nachbarpflanzen erfolgt durch Stoffwechselprodukte, die aus den Blättern und Wurzeln an die Umgebung abgegeben werden und auf die Gewächse in den angrenzenden Pflanzreihen eine fördernde oder hemmende Wirkung haben. Der Pflanzenschutzeffekt wird zumeist durch den Duft bewirkt. So wehrt beispielsweise der Geruch von Zwiebeln die Möhrenfliege ab, während der Duft der Möhrenblätter die Zwiebelfliege abhält.

Die Empfehlungen, die in der vorstehenden Mischkultur-Tabelle (siehe S. 37) sowie in den Kulturanleitungen gegeben werden (ab Seite 73), können jedoch nur einen Anhaltspunkt geben. Zu berücksichtigen sind auch Einflüsse wie Witterung, Standort, Sortenwahl sowie Saat- oder Pflanzabstände und -termine, so daß die individuelle Praxis ein anderes Bild ergeben kann. (Übrigens sind Angaben zu Mischkultur bei der Einzelbeschreibung der Gemüsearten nur dann gemacht, wenn die Gemüse in der nachfolgenden Tabelle nicht genannt sind.)

Man muß bei der Beetplanung schon sehr sorgfältig vorgehen, um die Besonderheiten der Fruchtfolge mit denen der Mischkultur in Einklang zu bringen. Wichtig ist dabei,

Keine Regel ohne Ausnahme: Tomaten und Stangenbohnen brauchen keinen jährlichen Beetwechsel, sondern können mehrere Jahre hintereinander auf derselben Fläche wachsen. Standorttreu sind außerdem Spargel, der bis fünfzehn Jahre im Beet bleibt, Rhabarber (bis acht Jahre) und Erdbeeren, die gewöhnlich drei Jahre das Beet besetzen.

Fruchtfolge

Mit dem Begriff Fruchtfolge ist der Anbau aufeinanderfolgender Gemüsearten auf einem Beet innerhalb einer Saison gemeint. Man spricht auch von Vor-, Haupt- und Nachkultur. Um ein Beispiel zu nennen: Bohnen beanspruchen als Hauptkultur die Beetfläche nur von Mitte Mai bis August. In der Zeit davor kann noch Kohlrabi als Vorkultur angebaut werden, danach Feldsalat als Nachkultur. Als Vor- und Nachkulturen eignen sich Gemüsearten mit kurzer Kulturzeit, beispielsweise Spinat, Radieschen oder Kopf- und Pflücksalat.

daß die Mischkulturpartner ähnliche Nährstoffansprüche aufweisen; deshalb nur als Ausnahme Starkzehrer zusammen mit Schwachzehrern auf einem Beet anbauen.

Die Verträglichkeit innerhalb einer Mischkultur ist nicht immer umkehrbar, denn manchmal profitiert der eine Partner auf Kosten des anderen!
Beim Lesen der Übersicht (Seite 37) sollten Sie daher beachten, daß die Bewertung einer Kombination immer aus Sicht der Gemüsearten in der linksseitigen Spalte gilt.

Kompost

Allgemeines

Es ist kein Zufall, daß in diesem Buch dem Kapitel Kompost mehr Platz eingeräumt wird als der Düngung. Gemüseanbau können Sie durchaus ohne Handelsdünger und nur mit Kompost allein betreiben. Umgekehrt werden Sie wenig Erfolg haben: Ohne Kompost bleibt ein Boden humusarm, und dann nützen auch reichliche Düngergaben wenig. Ideal sind die Voraussetzungen für den Gemüsegarten, wenn die Erde einen ausreichenden Humusanteil aufweist, weil Dünger erst dann seine Wirkung voll entfalten kann. Und deshalb sollten Sie soviel Kompost wie möglich auf den Beeten verteilen.

Gerne wird eine Kürbispflanze neben (nicht darauf!) den Komposthaufen gepflanzt. Der Haufen erhält seinen gewünschten Schatten, der Kürbis seine vielen Nährstoffe.

Kompostplatz

Um die Garten- und Küchenabfälle in beste Humuserde umzuwandeln, braucht man vor allem Platz. Wenn Sie zehn Prozent der Beetfläche für einen großzügigen Kompostplatz zur Verfügung stellen, haben Sie ideale Bedingungen. Leicht schattig und auch ein wenig windgeschützt sollte der Standort sein; außerdem nicht zu weit vom Haus entfernt, damit man auch im Winter die Küchenabfälle hinbringen kann; und zwar möglichst trockenen Fußes. In größeren Gärten ist es außerdem wichtig, daß Sie vom Kompostplatz ohne Probleme mit der Schubkarre zu den Gemüsebeeten gelangen können. Rundherum sind Trittplatten von Vorteil.
Die Fläche, auf der das Kompostmaterial lagert, muß dagegen unbedingt Bodenkontakt aufweisen. Denn Regenwürmer, Kompostwürmer und die anderen Bodenlebewesen, die an der Abfallverarbeitung beteiligt sind, müssen sich nach getaner Arbeit und auch bei Frost in den Boden zurückziehen können.
Die Abfälle können in einer sogenannten Miete oder in Kompostsilos verrotten. In jedem Fall muß der Kompostplatz wenigstens drei voneinander getrennte Abteilungen aufweisen: eine, in der die Küchen- und Gartenabfälle zunächst gesammelt werden, eine für den zuletzt angesetzten Kompost und eine dritte für den Kompost, der vollständig verrottet und zum Verteilen auf den Gemüsebeeten und unter den Obstgehölzen bereit ist.
In der Praxis empfiehlt es sich, die verschiedenen Abfälle aus Garten und Küche zunächst zu sammeln und bei passender Gelegenheit sorgfältig zu mischen und aufzuschichten.

1. Abbauphase oder Vorrotte
ca. 10 Tage
Rohmaterial

- Temperatur von 40 Grad bis 50 – 70 Grad C
- teilweise Abtötung von Unkrautsamen, Keimlingen und Schadorganismen
- alle tierischen Lebewesen verschwinden
- pH-Wert sinkt leicht ab
- Bodenorganismen: a Schimmelpilz; b, c Strahlenpilze; d Eubakterien; e, f schraubenförmige Bakterien, Spirillen

2. Umbauphase – ca. 14 Tage
Rohkompost

- Temperaturmaximum 60 Grad C, auf 35 Grad C fallend
- C/N-Verhältnis wird enger
- Bodenlebewesen: a Strahlenpilz; b Pinselschimmel; c Hefepilz; d, f Köpfchenschimmel; e Spirillen; g Springschwanz

3. Aufbauphase
mehrere Monate
Frischkompost

- Temperatur 35 – 20 Grad C
- nach Abschluß pflanzen- und wurzelverträglich, zum Mulchen und Flächenkompostieren
- Bodenlebewesen: a, q Rollassel; b Hefepilz; c, f Köpfchenschimmel; d Pinselschimmel; e Gießkannenschimmel; g Strahlenpilz; h Kompostwurm; i Springschwanz; j Hornmilbe; k Skorpionsfliegenlarve; l Tausendfüßer; m Springschwanz; n Laufkäfer; o Haarmückenlarve; p Larve der kleinen Stubenfliege; r Schwebfliegenlarve

4. Reifung – mehrere Monate
(mind. doppelt so lang wie 3.)
Reifkompost

- Temperatur = Bodentemperatur
- Material: krümelig, erdig, duftet nach Waldboden
- Bodenlebewesen: a Weberknecht; b Springschwanz; c Wiesenschnake (Larve); d Vogelmiere; e, f Laufkäferlarven; g Mistwurm; h Assel; i Hornmilbe; j Schnekke; k Milbe; l Raubmilbe; m Aaskäferlarve; n Schnecke; o Ameise; p Engerling; q Hefepilz; r Schnurfüßer; s Maulwurfsgrille; t Pinselschimmel

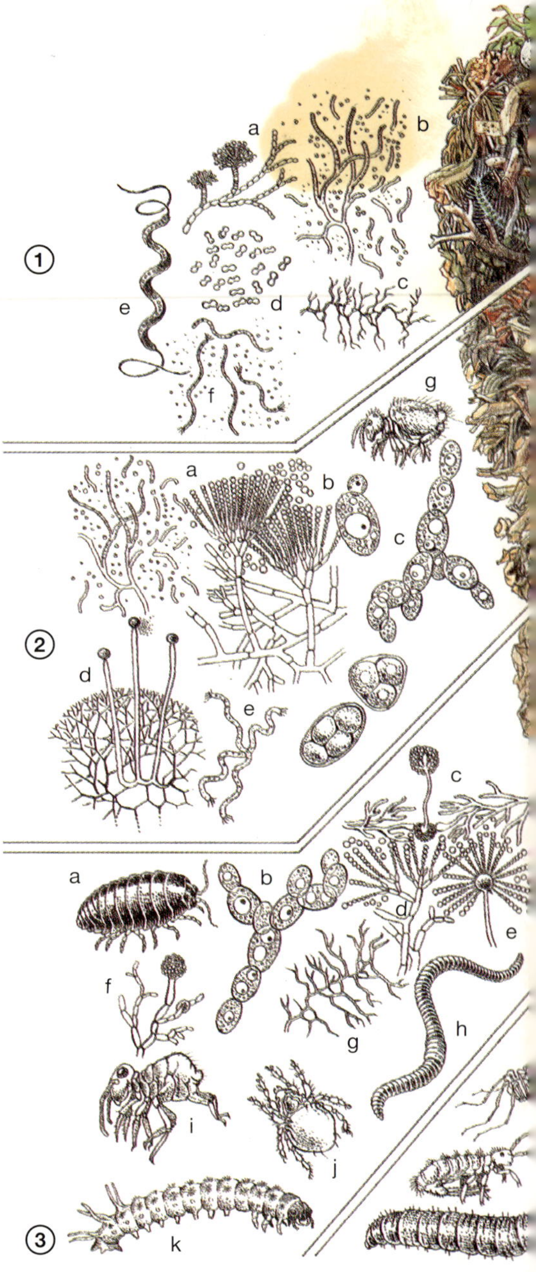

5. Vererdung – mehrere Monate Komposterde

- Temperatur = Bodentemperatur
- Material: krümeliger und mehr stabile Humusformen als 4., außerdem stärkere Schwarzfärbung
- Bodenlebewesen: a Springspinne; b Ameise; c Springschwanz; d Fadenwurm, Nematode; e Laufkäfer; f Blatt mit Nematoden (Querschnitt); g Schnellkäfer; h Assel; i Gartenspitzmaus; j Schnurfüßer; k Großer Regenwurm; l Hornmilbe; m Alge; n Maikäfer

Kompostbehälter aus Rundhölzern.

Kompostbehälter

Der übliche Kompostbehälter besteht aus Rundhölzern, die versetzt übereinandergelegt werden. Zum Umsetzen oder Entnehmen des Komposts lassen sie sich leicht entfernen. Die Zwischenräume sorgen für eine Belüftung des verrottenden Materials. Ebenso kann man einen Eigenbau verwenden, der aus kräftigen Rund- oder Vierkanthölzern gefertigt wird. Das Holz muß für eine lange Haltbarkeit druckimprägniert oder mit einem pflanzenverträglichen Holzschutzmittel behandelt sein.
Empfehlenswert ist eine Abdeckung; entweder eine dicke Laubschicht oder eine Kunststoffolie, die verhindert, daß der Kompost bei Regen zu sehr durchnäßt wird oder im Sommer austrocknet. Beim Auffüllen mit Küchenabfällen ist es empfehlenswert, dieses Material abzudecken, um keine unliebsamen Gäste anzulocken.
Spezielle Kompostsilos werden in unterschiedlichen Formen angeboten: aus Holz, Metall oder Kunststoff, neuerdings Recycling-Kunststoff. Die meisten sind mit einer Abdeckung ausgestattet; praktisch für die Kompostierung von Küchenabfällen.

Kompostmaterial

Zur Kompostierung sind alle organischen Abfälle geeignet: Aus dem Garten Gehölzschnitt, Laub, Gras, Erde, sämtliche Pflanzenteile und überhaupt alles, was pflanzlichen Ursprungs ist. Aus dem Haushalt kommen Gemüsereste wie Kartoffelschalen, Kohlstrünke, Grünabfälle, Obst, zerdrückte Eierschalen, Kaffeesatz, Teeblätter, Speisereste und Zellstoffpapier hinzu. Auch Holzasche darf auf den Kompost. Mist von Kleintieren und natürlich Stallmist verbessert den Kompost, denn damit gelangt vor allem reichlich Stickstoff hinein. Wer Tiermist bekommen kann, sollte ihn grundsätzlich zunächst kompostieren.

Ungeeignet für die Kompostierung sind Metall, Glas, Porzellan und sämtliche Kunststoffarten; außerdem Steine, Knochen und harte Nußschalen. Steinkohlenasche darf wegen des Schwermetallgehalts nicht auf den Kompost.

Pappe und Zeitungspapier verrotten schneller, wenn sie vorher in Wasser eingeweicht werden. Bei größeren Mengen ist Recycling über die Altpapiersammlung sinnvoller. Hochglanzpapier, beispielsweise von Illustrierten und Prospekten, ist in jedem Fall beim Altpapierrecycling besser aufgehoben, denn im Kompost verrottet es schwer. Druckerfarbe ist mittlerweile weitgehend schadstofffrei; lediglich Gold-, Bronze- und Blautöne enthalten Spuren von Kupfer, die jedoch tolerierbar sind.

Die Schalen von gespritzten Zitrusfrüchten und verschimmeltes Brot sollten Sie besser nicht auf den Kompost geben, denn sie können bei ungünstigen Bedingungen zur Bildung des höchst schädlichen Aflatoxins führen.

Degegen lassen sich Bananenschalen ausgezeichnet kompostieren. Rückstände von Pestiziden auf Pflanzen werden ebenso wie natürliche Giftstoffe, die in manchen Pflanzen enthalten sind, im Verrottungsprozeß abgebaut. Der Kompostierung sind sie allerdings auch nicht dienlich, denn der Ver-

rottungsprozeß gerät zunächst ins Stocken, weil ein Teil der zersetzenden Lebewesen abstirbt. Samentragende Unkräuter dürfen ebenfalls auf den Kompost. Allerdings läßt man sie zunächst 10 – 14 Tage lang in einem Bottich mit Wasser faulen; danach keimt nichts mehr.
Kranke Pflanzen sind nur unter Vorbehalt für die Kompostierung geeignet. In den Mülleimer gehören welkekranke Astern und Tomaten, Kohlstrünke mit Wurzelverdickungen (Kohlhernie), Gemüsepflanzen wie Sellerie, Bohnen, Möhren, Rettich und andere, die Faulstellen mit schneeweißem, watteartigem Pilzgeflecht aufweisen (Sklerotinia-Stengelfäule).
Ohne Bedenken kompostierbar sind dagegen: Pflanzen, die von Blattläusen, Weißen Fliegen und anderen Insekten befallen sind; schorfige Äpfel und Birnen; Pflanzen mit Blattfleckenkrankheiten, Mehltau-, Rost- und Sternrußtaubefall; von Spitzendürre (Monilia) befallene Kirschbaumzweige; gehäckselte Gehölzteile, die mit Rotpusteln und anderen Holzkrankheiten befallen sind. Auch die zuerst genannten Krankheitserreger überleben die Kompostierung nicht, wenn bei der Verrottung ausreichend hohe Temperaturen von wenigstens 40 Grad C erreicht werden, wie das gewöhnlich der Fall ist. Allein der Erreger der Kohlhernie überlebt auch noch höhere Temperaturen.

Kompostbereitung

Die Umwandlung der Abfälle in Humus geschieht von selbst; genauer gesagt, durch die Arbeit unzähliger Kleinstlebewesen wie Mikroben, Springschwänze, Tausendfüßer, Asseln und zuletzt auch durch die Verdauungstätigkeit der Regenwürmer. Dabei handelt es sich nicht um den allgemein bekannten, grauen Regenwurm *(Lumbricus terrestris)*, sondern um den Kompost- oder Mistwurm *(Eisenia foetida)*. Diese spezielle Regenwurmart, die man auch kaufen kann, lebt nicht im Boden, sondern ernährt sich von verrottenden, organischen Abfällen. Den Kauf der überaus nützlichen Tierchen kann man sich ersparen, denn bei fachgerechter Kompostierung kommen die Mistwürmer von selbst und vermehren sich in beachtlichem Tempo.
Wenn Sie zum erstenmal kompostieren, sollten Sie einen sogenannten Kompostbeschleuniger verwenden. Das ist zumeist eine Mischung aus organischem Stickstoffdünger und getrockneten Kräutern, die den Verrottungsprozeß schneller in Gang bringt. Ebenso kann man Hornmehl, Blutmehl oder Guanodünger hinzugeben. Geeignete Kräuter, die die Verrottung fördern, sind Kamille, Löwenzahn, Schafgarbe, Baldrian und vor allem Brennessel; letztere läßt man besser zunächst in Wasser gären, damit sie

Bei richtiger Kompostierung stellen sich diese nützlichen Tiere bald von selbst ein: Kompost- oder Mistwürmer (Eisenia foetida).

Wenn Sie Ihren ersten Kompost anlegen, ist die Zugabe von Kompostbeschleunigern empfehlenswert.

einen höheren Gehalt an wertvoller Kieselsäure aufweisen. Später sind solche Kompostbeschleuniger nicht mehr unbedingt nötig; es genügt, das neu angesetzte Abfallmaterial mit ein paar Schaufeln halbverrottetem Kompost zu „impfen".

Um eine hohe Verrottungstemperatur zu erzielen, ist die Zugabe von Grasschnitt sinnvoll. Mit Traubenkernschrot läßt sich die größte Hitze erzielen: bis 80 Grad C. Damit tötet man auch Schneckeneier zuverlässig ab; mehr als 50 Grad C überleben sie nicht. Fliegeneier sterben bereits bei 33 Grad C ab.

Problematisch ist die häufig empfohlene Zugabe von Kalkstickstoff zur Kompostbeschleunigung. Zwar werden dadurch Unkrautsamen abgetötet, aber gleichzeitig wird die Verrottung zeitweilig gebremst, weil Regenwürmer und Mikroorganismen eingehen. Später nimmt deren Bestand wieder zu. In der Folge können zudem hohe Nitratwerte auftreten.

Um unangenehme Gerüche gar nicht erst entstehen zu lassen, gibt man Ton- oder Steinmehl hinzu. Das sind wertvolle Bodenhilfsstoffe, die gleichzeitig zur Verbesserung der Kompostqualität beitragen. Tonmehl puffert außerdem bei der Kompostierung entstehende Säuren ab. Wenn der Kompost stinkt, so ist das immer ein Zeichen dafür, daß etwas nicht stimmt. Ursache ist mangelnde Sauerstoffzufuhr, die sich auf einfache Weise regeln läßt, indem man das Kompostmaterial durchmischt. Dazu brauchen Sie zumeist nur die obere Kompostschicht mit einer Hacke oder Grabegabel zu lockern, so daß Luft herankommt. Die Abfälle sollen keineswegs verfaulen, sondern verrotten; und das geschieht unter Luftzufuhr.

Der Begriff Kompost kommt aus dem Lateinischen (compositum = Zusammengesetztes); und damit ist auch schon eine entscheidende Voraussetzung für die erfolgreiche Verrottung genannt: Die Abfälle sollen aus möglichst verschiedenartigem Material bestehen. Grobes Material mischt man stets mit feinem Material, trockene Teile mit nassen, eiweißreiche Stoffe mit kohlenstoffreichen Stoffen. Frischer Grasschnitt beispielsweise ist eiweißreich, altes Heu und Stroh kohlenstoffreich. Feuchte Küchenabfälle vermischt man, um ein anderes Beispiel zu nennen, mit Reisig.

Eine einseitige Füllung aus „fettem" Material kann faulen und dann stinken, während eine zu magere Mischung lange Zeit zur Verrottung braucht. Wenn Sie also eine größere Menge Grasschnitt oder Gehölzschnitt haben, dann sollten Sie nur einen Teil davon sofort in den Kompost geben, den Rest nach und nach mit anderem Material vermischt dazugeben. Frischer Grasschnitt zieht übrigens Schnecken an. Man läßt das Schnittgut daher zunächst einige Tage welken, ehe es – jeweils in Teilmengen – auf den Kompost kommt. Die richtige Mischung der Gartenabfälle kriegen Sie in der Praxis bald heraus.

Nach einer Faustregel soll der Kompost so feucht wie ein ausgedrückter Schwamm sein – also nicht naß, aber auch nicht zu trocken. Die Verrottung wird verbessert,

Kompostmiete im Querschnitt. Die gut vermischten Abfälle werden mit Laub oder Stroh abgedeckt. Dadurch kann Regenwasser teilweise an den Seiten ablaufen – das Abfallmaterial wird nicht zu stark durchnäßt. Die Laubdecke schützt gleichzeitig vor dem Austrocknen. Die Kompostmiete sollte nicht breiter als 150 cm und nicht viel höher als 80 cm angelegt werden.

Rohkompost, feucht wie ein ausgedrückter Schwamm.

wenn das Material stets ausreichend warm gehalten wird. Sogenannte Thermokomposter, bei denen die Wände mit Styropor isoliert sind, bringen durchaus eine Verbesserung. Mit Hilfe von Hartschaumplatten an den Seitenwänden des Silos können Sie einen ähnlichen Effekt erzielen; nur darf die Sauerstoffzufuhr dadurch nicht behindert werden. In der Mitte des Kompostmaterials ist die Verrottungstemperatur am höchsten.
Damit alles gleichmäßig verrottet, wird das Umsetzen des Komposts empfohlen. Diese schweißtreibende Arbeit ist aber nicht zwingend erforderlich. Wenn der Kompost mit den vorher genannten Zusätzen wie organischem Dünger, Kräutern, Tonmehl oder Kompostbeschleuniger verbessert wird, kann man sich das mühsame Umschichten ersparen. Auch das vorherige Häckseln grober Abfälle trägt zur besseren Verrottung bei und macht Umsetzen überflüssig. Wenn der fertige Kompost später entnommen wird und der Randbereich noch nicht vollständig verrottet ist, gibt man dieses Material einfach auf den nächsten Komposthaufen.
Das häufig empfohlene Sieben des fertigen Komposts ist nur dann nötig, wenn Sie Saatbeete herrichten oder Kübelpflanzenerde mischen möchten.

Kompostanwendung

Drei bis neun Monate dauert es, bis der Kompost reif, also verrottet und fertig zur Anwendung ist. In der warmen Jahreszeit geht es schnell, im Winter ruht der Verrottungsprozeß weitgehend, so daß es entsprechend länger dauert.

- Fertige Komposterde ist krümelig und von schwarzer Färbung; sie riecht angenehm erdig-frisch.
- Rohkompost ist braun und noch faserig.

Wenn Sie ganz sichergehen wollen, daß die Abfälle vollständig verrottet sind, können Sie den Kresse-Test machen: Kompost in eine Schale füllen und darauf Kresse aussäen. Keimt die Kresse gleichmäßig, dann ist der Kompost in Ordnung; keimt sie ganz schlecht, dann ist der Verrottungsprozeß eventuell noch nicht abgeschlossen.
Auf den Beeten wird in jedem Fall nur reifer Kompost verteilt. Halbverrottetes Material dürfen Sie nur im Herbst ausbringen, wenn die Beete bereits abgeerntet sind. Der Kompost darf keinesfalls untergegraben werden. Am besten streut man ihn einfach dünn über die Erde. Zuviel Kompost kann niemals schaden. Wichtig: Wählen Sie für das Verteilen von selbst hergestelltem Humus einen Tag mit bedecktem Himmel oder Nieselregen. In praller Sonne würden die winzigen Lebewesen im Kompost absterben und ein Teil der Wirkung verlorengehen.

Für Anzuchterden ist Kompost nur in Teilmengen und unbedingt vollständig verrottet geeignet. Auch bei der Beimischung von Kompost zu Topferde von Zimmerpflanzen sollte man besser zurückhaltend sein.

Düngung

Nährstoffe

In einem Naturgarten brauchen Sie nicht zu düngen, denn hier besteht ein geschlossener Kreislauf: Gehölze verlieren im Herbst ihr Laub, Pflanzen welken, und die auf den Boden gelangenden Pflanzenreste werden von Regenwürmern und zahllosen anderen Bodenlebewesen in Nährstoffe umgewandelt, die so den Pflanzen als Dünger zur Verfügung stehen. Anders im Nutzgarten: Hier wird die Ernte entnommen, so daß dafür ein Ausgleich geschaffen werden muß, Zusatzdüngung also unentbehrlich ist.

Zu den Hauptnährstoffen, die Pflanzen zum Leben brauchen, zählen Stickstoff, Phosphor und Kalium; in geringerem Maß auch Magnesium. Außerdem sind Spurenelemente wie Eisen, Bor oder Mangan erforderlich. Hinzu kommt Kalk, der den Boden für die anderen Nährstoffe aufnahmefähig macht. Dem Stickstoff fällt – vereinfacht ausgedrückt – die Aufgabe zu, das Blattwachstum zu verbessern. Phosphor fördert Blüten- und Fruchtentwicklung, während Kalium die Pflanzenzellen stärkt und sie robuster macht.

Die angebotenen Dünger unterscheiden sich vor allem in der Zusammensetzung der einzelnen Nährstoffe. Grundsätzlich sind alle Universaldünger – auch Mehrnährstoff-, Voll- oder Mischdünger genannt – für den Gemüsegarten geeignet. Denn sie enthalten alle notwendigen Nährstoffe und Spurenelemente in einem ausgewogenen Verhältnis. Daneben werden zahlreiche Spezialdünger angeboten. So weist beispielsweise Spezial-Erdbeerdünger einen erhöhten Phosphorgehalt auf, weil das die Fruchtbildung fördert. Selbstverständlich ist ein solcher Dünger auch für andere früchtetragenden Gewächse, Tomaten beispielsweise, geeignet.

Genaugenommen müßte man für nahezu jede Gemüseart einen speziellen Dünger mit genau abgestimmter Nährstoffzusammensetzung verwenden.

Salat beispielsweise braucht für eine gute Blattentwicklung einen stickstoffbetonten Dünger. Der vorher genannte Erdbeerdünger wäre hier weniger gut geeignet. Universaldünger stellen immer einen Kompromiß dar. Das gilt auch für solche, die als „Obst- und Gemüsedünger" bezeichnet sind. Da aber im Hobbygarten keine Monokulturen gepflegt, sondern viele verschiedene Gemüsearten angebaut werden, ist die Verwendung von Universaldünger grundsätzlich zu empfehlen.

Achten Sie unbedingt auf die Packungsangaben, denn hier ist genau vermerkt, wie hoch die einzelnen Nährstoffanteile sind. Stehen auf der Packung beispielsweise die Werte 8-7-10-2, so bedeutet dies, daß der Dünger 8 Prozent Stickstoff (N), 7 Prozent Phosphat (P_2O_5), 10 Prozent Kali (K_2O) und 2 Prozent Magnesium (MgO) enthält. Bei der Analyse von Bodenproben erhalten Sie eine Düngeempfehlung, die darüber informiert, welche Nährstoffe dem Gemüsegarten fehlen und welche ausreichend vorhanden sind. Durch die Auswahl geeigneter Dünger können Sie die Nährstoffversorgung gezielt durchführen.

In gut sortierten Gartenfachgeschäften werden auch Einzelnährstoffdünger angeboten, so daß zum Beispiel die alleinige Zufuhr von Stickstoff möglich ist, wenn das die Düngeempfehlung fordert. Häufig sind Böden mit Phosphat und Kalium ausreichend versorgt, denn diese beiden Nährstoffe werden im Boden gespeichert. Notwendig ist dann lediglich eine Ergänzung mit Stickstoff, weil der nicht im Boden festgehalten wird. Mit Hornspänen oder Hornmehl kann die Stickstoffzufuhr auf einfache Weise erfolgen.

Organische Dünger

Bei der Auswahl des geeigneten Düngers stolpern Gartenneulinge häufig zuerst über Begriffe wie organisch, mineralisch oder organisch-mineralisch. Organische Dünger bestehen in der Hauptsache aus natürlichen Stoffen tierischen oder pflanzlichen Ursprungs.

Kompost gehört zu den organischen Düngern.

Organische Dünger können von den Pflanzen nicht direkt verwertet werden. Die darin enthaltenen Nährstoffe müssen erst durch Wasser, im Boden enthaltene Säuren und vor allem durch die Bodenorganismen für die Pflanzen verfügbar gemacht werden. Da organischer Dünger auf diese Weise wesentlich zur Bodenbelebung beiträgt und die Bodenstruktur verbessert, ist er für den naturgemäßen Anbau besonders wertvoll. Die Wirkung erfolgt langsam, hält aber lange an.

Dazu zählen vor allem Schlachthofabfälle wie Hornspäne und Hornmehl, beides aus Tierhufen und -hörnern gewonnen und unterschiedlich fein gemahlen, sowie Blut- und Knochenmehl; außerdem getrockneter Tiermist, vornehmlich von Rindern, aber auch von Hühnern und anderem Geflügel (Guano).
Vorwiegend in ländlichen Gegenden kann man auch frischen Stallmist erhalten, der aber nach Möglichkeit immer zuerst kompostiert wird. Pflanzlichen Ursprungs sind Rhizinusschrot und Soja. Zu den organischen Düngern zählt auch der Kompost. Sein Nährstoffgehalt beträgt durchschnittlich 0,5 Prozent Stickstoff und Kalium sowie 0,2 Prozent Phosphat. Der Stickstoffgehalt ist höher, wenn viel Grasschnitt, Ernterückstände und Küchenabfälle kompostiert werden.

Mineraldünger

Die mineralischen Dünger werden teilweise künstlich hergestellt und deshalb häufig auch als Kunstdünger bezeichnet. So erfolgt beispielsweise die Gewinnung von Stickstoff durch einen energieaufwendigen Prozeß aus Luftstickstoff. Andere Bestandteile wie Kalium und Phosphor werden aus Bodenablagerungen gefördert.
„Kunstdünger" ist wasserlöslich, und die aufgelösten Nährstoffe gelangen über die Wurzeln direkt in die Pflanze. Die Wirkung erfolgt schnell, der Erfolg ist also bald sichtbar. Wird allerdings zuviel an Düngersalzen verabreicht, dann nehmen die Pflanzen mehr auf, als sie brauchen. Das ergibt oft mastige, aufgeschwemmte Pflanzen, die sich dann als besonders anfällig für Krankheiten und Schädlingsbefall erweisen.

Organisch-mineralische Dünger

Im organisch-mineralischen Dünger sind die Vorteile beider Arten vereinigt. Die darin enthaltenen Düngesalze sorgen für eine rasche

Wirkung, während die organischen Bestandteile die langfristige Nährstoffversorgung sichern. Das ist vor allem bei Frühgemüse nützlich, weil ein Dünger aus rein organischen Bestandteilen erst bei stärkerer Bodenerwärmung wirksam wird. Der Zusatz von Mineraldünger gleicht diesen Nachteil aus. Auch bei einer sogenannten Kopfdüngung, der Nachdüngung im Sommer, ist der Einsatz von organisch-mineralischem Dünger sinnvoll.

Pflanzenjauchen

Abgesehen vom Kompost läßt sich hochwirksamer Dünger auf einfache Weise herstellen: indem man Pflanzen in Wasser vergären läßt. Aus Brennesseln beispielsweise kann man einen stickstoffreichen Dünger bereiten. Auch Beinwell, häufiger mit seinem englischen Namen Comfrey benannt, ergibt einen hervorragenden Dünger. Die frisch geschnittenen Pflanzen werden locker in einem großen Gefäß bis zum Rand aufgeschichtet, danach Wasser aufgefüllt – fertig. Hohe Lufttemperatur und Sonnenbestrahlung sowie tägliches Umrühren fördern den Gärungsprozeß.
Pflanzenjauche entfaltet einen starken Geruch, den man durch Zugabe von reichlich Steinmehl mindern kann. Im Hochsommer ist die Jauche nach fünf Tagen, bei kühlen Temperaturen nach zwei Wochen fertig. Zum Verteilen wird sie mit der zehnfachen Wassermenge verdünnt. Es empfiehlt sich, beim Umgang mit Pflanzenjauchen Gummihandschuhe zu tragen; der Geruch haftet sonst hartnäckig an den Händen.

Bodenhilfsstoffe

Zu den unentbehrlichen Stoffen im naturgemäßen Anbau zählt Steinmehl. Das gemahlene Granit- und Basaltgestein und ebenso Tonmehl gelten nicht als Dünger, sondern gehören zu den natürlichen Bodenhilfsstoffen. Ihre Bestandteile sind je nach Herkunft des Materials unterschiedlich, aber gemeinsam ist ihr hoher Anteil an Spurenelementen. Sie wirken nicht direkt, sondern müssen zuerst im Boden aufgeschlossen werden. Je humusreicher die Erde, desto besser kommen Stein- und Tonmehle zur Geltung. Sie erhöhen die Fähigkeit des Bodens, Wasser und Nährstoffe festzuhalten. Für sandige Böden ist vor allem Tonmehl empfehlenswert. Generell

Herstellung von Brennesseljauche.
1. Frische Blätter und Stiele locker bis zum Gefäßrand des Kunststoffbehälters aufschichten und mit Wasser auffüllen.

Zu den unentbehrlichen Stoffen im naturgemäßen Anbau gehört das Steinmehl, das hier Kohljungpflanzen gegeben wird.

2. Beim Gärprozeß entstehender Geruch läßt sich durch mehrere Handvoll Steinmehl mildern. Gefäß unbedingt abdecken. Die Jauche soll täglich umgerührt werden.

3. Nach ca. zehn Tagen, je nach Witterung, ist die Jauche fertig; vor der Anwendung absieben und mit der zehnfachen Menge Wasser verdünnen.

sollte Steinmehl in der Umstellungsphase zur biologischen Anbauweise reichlich auf den Beeten verteilt, aber auch danach regelmäßig gestreut werden.

Gründünger

Zu den Gewächsen, die keine zusätzliche Düngung benötigen, sondern selbst zur Bodenverbesserung beitragen, zählen die sogenannten Gründüngerpflanzen.

Die Gründüngungspflanze Phacelia *mit ihren hübschen Blüten trägt den deutschen Namen Bienenfreund zu Recht.*

Das sind vor allem Pflanzen aus der Familie der Leguminosen wie Lupinen, Inkarnatklee, Luzerne und Wicken sowie Platterbsen und Dicke Bohnen. Mit den Wurzeln dieser Leguminosen bilden bestimmte Bakterien eine Lebensgemeinschaft, eine sogenannte Symbiose. In den daraus entstehenden Knöllchen, die man beim Ausgraben der Wurzeln gut erkennen kann, lagert sich Stickstoff ab.

Die Pflanzenwurzeln wirken also sozusagen düngend. Am effektivsten ist die Wirkung dieser Pflanzen, wenn man sie vor der Blütenbildung unterhackt.

Zu den Gründüngerpflanzen zählt man außerdem Ölrettich, Winterraps, Gelbsenf, *Phacelia* (Bienenfreund), Esparsette und Seradella. Sie düngen zwar nicht, wirken aber wegen anderer positiver Eigenschaften (große Blatt- und Wurzelmasse, Tiefenlockerer) bodenverbessernd.

Wichtige Gartengeräte auf einen Blick: ① Schaufel, ② Spaten, ③ Grabegabel, ④ Ziehhacke, ⑤ Bodenlüfter (Kultivator), ⑧ Handschaufel, ⑨ Setzholz, ⑩ Krail, ⑥ Sauzahn u. ⑦ Harke.

Bodenbearbeitung

Gartengeräte

Für die Gartenarbeit brauchen Sie kein riesiges Sortiment an Geräten, sondern nur einige wenige; die aber sollten von guter Qualität sein.

❁ Natürlich benötigen Sie einen Spaten. Je nach Körpergröße und -gewicht gibt es hier unterschiedliche Ausführungen.

❁ Die Grabegabel besitzt kein Blatt, sondern mehrere Zinken, so daß sie leichter in den Boden eindringt. Für schonendes Lockern verfestigter Böden ist sie besser geeignet als der Spaten. Außerdem kann man damit Kompost wenden.

❁ Der Krail weist, ähnlich wie die Grabegabel, mehrere Zinken auf, die aber gebogen sind. Das Gerät ist entbehrlich, wenngleich man damit prima Dünger einarbeiten und beispielsweise Kartoffeln roden kann.

❁ Unverzichtbar ist die Ziehhacke. Sie dient zur oberflächlichen Bodenlockerung und zur gleichzeitigen mechanischen Unkrautvernichtung. Häufig wird die Ziehhacke als Kombigerät angeboten; auf der Rückseite mit einem zwei- oder dreizinkigen Kultivator. Bei nicht zu großen Flächen sind solche Kombigeräte empfehlenswert.

❁ Ein Kultivator, auch Grubber genannt, besteht üblicherweise aus drei Zinken, deren Enden ähnlich wie beim Krail gebogen sind. Man braucht ihn zum Auflockern der Erde im Frühjahr und zur Neubestellung der Beete nach der ersten Ernte im Sommer.

❁ Der Sauzahn oder SZ-Wühler ist sozusagen ein Kultivator mit einem einzelnen, gebogenen Zinken. Bei engen Pflanzreihen und in Mischkulturen ist er bestens zu gebrauchen: Man kann damit den Boden lockern, ohne die Pflanzenwurzeln zu beschädigen. Auch einzelne Saatrillen lassen sich damit ziehen.

❁ Der Rechen (Harke) wird zum Glätten der Aussaatflächen benötigt, außerdem zur Krümelung der Bodenoberfläche. Je schwerer der Boden, desto weiter sollte der Abstand der einzelnen Zinken sein.

❁ Der Saatrillenzieher wird ausschließlich zum Säen benötigt. Die einzelnen Schare sind auf die jeweiligen Reihenabstände einstellbar. Bei größeren Aussaatmengen erleichtert das Gerät die Arbeit erheblich.

Handgeräte braucht man vor allem in kleinen Gärten. Hier hat sich eine Handhacke ebenso bewährt wie der Kultivator – oder ein Kombigerät. Zum Setzen der Pflanzen kann man noch eine Pflanzschaufel, eventuell ein Setzholz gebrauchen.

Umgraben – ja oder nein?

Ganz ohne Umgraben geht's leider nicht. Zumindest bei der Neuanlage von Beeten und bei der Bearbeitung schwerer Lehmböden kann man sich die mühsame Arbeit mit dem Spaten nicht ersparen. In diesem Fall wird die Fläche im Herbst grobschollig, spatentief umgegraben. Das Zerbröseln der Schollen übernimmt im Winter der Frost. Hartnäckige Wurzelunkräuter, Quecken beispielsweise, sollten bei dieser Gelegenheit entfernt werden. Dagegen bleiben Ernterückstände mit Ausnahme von Kohlstrünken auf den Beeten. Auch Gründünger, halbverrotteter Kompost oder Stallmist können oberflächlich eingearbeitet werden.

Als Alternative zum Umgraben bedeckt man die Beete im Herbst mit einer dicken Schicht von gemischtem Laub und gibt darüber reichlich halbverrotteten Kompost. In Sand-

Spatentiefes, grobscholliges Umgraben im Spätherbst ist in sehr schweren Böden meistens unumgänglich. Die Frosteinwirkung im Winter sprengt die Erdschollen und hinterläßt zerkrümelte Erde.

Zur Erhöhung des Humusgehalts und als Bodenschutz ist das herbstliche Abdecken der Gemüsebeete mit Laub und darüber halbverrottetem Kompost die beste Maßnahme; Umgraben entfällt.

Bodenbearbeitung im Frühjahr.
1. Im Frühjahr werden unverrottete Reste der Laub- und Kompostabdeckung vom Beet gerecht und am besten auf den Kompost gebracht.

2. Die Bodenoberfläche wird vor der Aussaat nur flach gelockert und geglättet. Zu tiefe Bodenbearbeitung vermeiden und, da sonst das Bodenleben leidet, schon gar nicht umgraben.

böden und auch bei Lehmböden mit einer dicken Humusschicht reicht das völlig aus; hier ist Umgraben also nicht mehr nötig.
Im Frühjahr darf die Anbaufläche auf keinen Fall umgegraben werden. Um die Bodenfeuchtigkeit zu erhalten, wird der im Herbst bearbeitete Boden lediglich oberflächlich gelockert und für die Aussaat mit der Harke geglättet. Beim laubbedeckten Boden entfernt man mit der Harke unverrottete Kompost- und Laubreste; mehr ist auch hier nicht zu tun.

Die erste Bodenbearbeitung darf im Frühling erst dann erfolgen, wenn der Boden nicht mehr „schmiert", also keine Erde mehr an den Stiefelsohlen hängenbleibt. Allerdings: die Anbaufläche sollte nach Möglichkeit gar nicht betreten werden, um Bodenverdichtungen zu vermeiden.

Bodenbearbeitung im Sommer

Nach der Frühjahrsbestellung der Beete ist regelmäßiges Hacken der Bodenoberfläche die wichtigste Tätigkeit. Die Wirkung ist dreifach: die Erde wird durchlüftet, Unkraut beseitigt und die Verdunstung der Bodenfeuchtigkeit eingeschränkt. Beete, in denen zwischen den Gemüsereihen laufend gehackt wird, sehen außerdem „ordentlich aus".
Wenn es nicht so sehr auf die Optik ankommt, ist das Mulchen eine empfehlenswerte Alternative. Das Bedecken der Erde zwischen und neben den Pflanzreihen mit Grasschnitt, gehäckseltem Stroh oder anderem organischen Material bringt gleich mehrere Vorteile: der Boden bleibt länger feucht und ist vor praller Sonne ebenso geschützt wie vor heftigen Regengüssen. Das Keimen von Unkräutern wird bei einer geschlossenen Mulchdecke erschwert; was an

Bodenbearbeitung im Sommer.
1. Regelmäßiges Hacken zwischen den Gemüsereihen ist die wichtigste Arbeit zur Lockerung des Bodens und gegen unerwünschte Wildkräuter auf den Beeten.

2. Das Abdecken des Bodens zwischen den Gemüsereihen mit einer dünnen Mulchschicht aus zerkleinerten Pflanzenresten hält die Erde länger feucht und erhöht den Humusgehalt des Bodens.

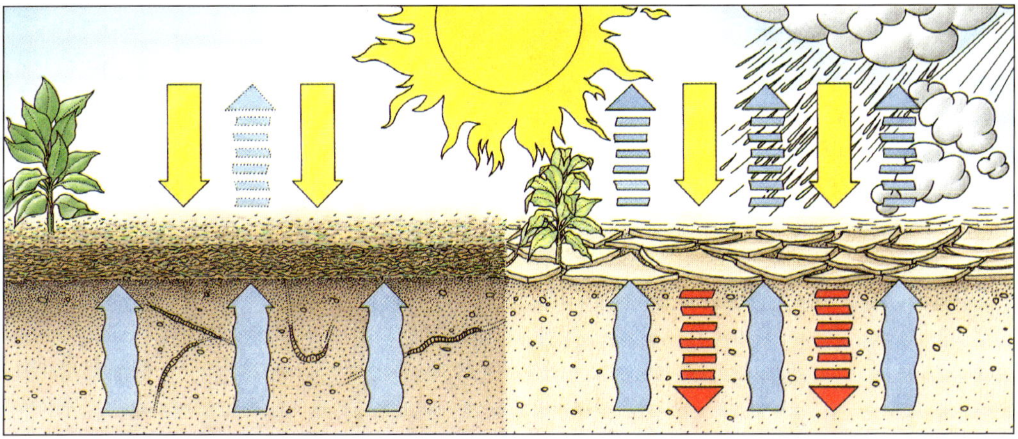

Vergleich eines gemulchten und unbedeckten Bodens.
Links: Die mit Pflanzenresten bedeckte Erde ist vor Sonne geschützt; Regenwürmer und andere Bodenlebewesen finden unter der Abdeckung ideale Bedingungen, Wasser kann nur geringfügig verdunsten.
Rechts: In unbedecktem Boden trocknet die Erde durch Sonneneinwirkung leicht aus, Bodenlebewesen verschwinden, die Feuchtigkeit verdunstet und die Pflanzen leiden unter Wassermangel. In der Folge verkrustet die Oberfläche, der oft typische „Betonboden" entsteht.

unerwünschten Pflanzen durchwächst, kann aus der lockeren Erde leicht herausgezogen werden. Außerdem trägt die Mulchschicht, die jeweils dünn aufgetragen und häufig ergänzt wird, zur Humusanreicherung bei.

Machen Sie einmal die Probe: Ein Beetabschnitt bleibt „nackt", ein anderer wird gemulcht. Der Unterschied zeigt sich schon nach einem Sonnen- oder Regentag.

Pflanzfertig vorbereitete Beete werden schon vor dem Einsetzen der Jungpflanzen gemulcht. Beim Einpflanzen schiebt man die Mulchdecke ein wenig beiseite. Wo gemulcht ist, kann man nicht hacken – braucht man auch nicht mehr. Vor dem Urlaub darf die Mulchschicht auch einmal ein paar Zentimeter dick sein, damit die Pflanzen besser gegen Trockenheit geschützt sind. Ansonsten ist eine zu dicke Mulchschicht eher ungünstig, weil sie Schnecken anlockt. Grasschnitt sollte deshalb erst dann zum Abdecken verwendet werden, wenn das Material schon leicht angewelkt ist.
Schwarze Mulchfolien erfüllen ähnliche Aufgaben wie die organische Bodenbedeckung. Die Folie wird über dem Beet ausgebreitet und an den Pflanzstellen mit einem kreuzförmigen Einschnitt versehen. Unkraut bleibt hier zuverlässig unterdrückt, so daß die Folie auf stark verunkrauteten Flächen empfohlen werden kann. Vorteile kann sie außerdem bei stark wärmebedürftigen Gewächsen wie Gurken, Tomaten oder Paprika bringen. Zur Unkrautunterdrückung wird neuerdings auch Mulchpapier angeboten, das im Laufe der Anbauzeit verrottet.

Pflanzenschutz

Vorbeugende Maßnahmen

Vorbeugender Pflanzenschutz beginnt bei der Auswahl des Standorts und der dafür geeigneten Pflanzen. Tomaten im Halbschatten beispielsweise, das bringt ebensowenig wie der Anbau von Rettich oder Brokkoli in einem Boden, der nicht einmal für einen Rasen brauchbare Voraussetzungen bietet. Man kann aber auch des Guten zuviel tun und beispielsweise im Frühjahr frischen Mist auf einem Beet verteilen und anschließend Zwiebeln anbauen; mit Sicherheit locken Sie so Zwiebelfliegen an.
Auch die Sorte spielt eine wichtige Rolle; beachten Sie deshalb die Angaben auf der Samentüte und bevorzugen Sie Saatgut resistenter Sorten, die gegen arttypische Krankheiten widerstandsfähig sind. Ausreichender Reihen- und Pflanzabstand gehört ebenso zu den vorbeugenden Maßnahmen,

Vliese wehren viele Gemüsefliegen ab und bieten den Jungpflanzen Schutz.

Gelbtafeln dezimieren Weiße Fliegen im Gewächshaus.

Krankheiten gar nicht erst entstehen zu lassen, wie sorgfältige Bodenbearbeitung und Pflanzenpflege, regelmäßiges Hacken und Mulchen, die Bodenverbesserung mit Kompost und eine ausgewogene Nährstoffversorgung; also weder Überdüngung noch gar keine Düngung. Mischkultur und die Beachtung des Fruchtwechsels sind weitere Voraussetzungen, um Krankheiten und Schädlingsbefall von vornherein zu vermeiden.

Mechanische und biotechnische Verfahren

Mit diesen etwas hochtrabenden Begriffen sind zum Teil recht simple Maßnahmen gemeint, die – manchmal in Kombination miteinander – im Hobbygarten oft schon ausreichen, um Kalamitäten zu vermeiden. Dazu zählt beispielsweise das Abspülen von Blattläusen mit einem scharfen Wasserstrahl, Absammeln von Raupen, Schnecken und Larven mit der Hand, das Abschneiden stark befallener Pflanzenteile oder das Jäten und Hacken von Unkraut. Gegen Schadinsekten kann man Beete mit Gemüsefliegennetzen abdecken, Schnecken mit Schneckenzäunen abgrenzen. Reflektierende Folien halten Vögel fern (im Erdbeerbeet oder bei Aussaaten) und leimbeschichtete Gelbtafeln dezimieren Weiße Fliegen im Gewächshaus.

Schichten Sie in einer Gartenecke einen Reisighaufen für Igel auf.

Von der Schlupfwespe Encarsia formosa *parasitierte Larve der Weißen Fliege (schwarz verfärbt), die nicht parasitierte daneben ist hellgefärbt.*

Raubmilben (oben) ernähren sich von Spinnmilben, die sie aussaugen.

Biologische Maßnahmen

Die biologische Abwehr von Schädlingen umfaßt einen ganzen Maßnahmenkatalog. Ein Krieg gegen Schädlinge ist damit ebenfalls nicht gemeint, denn der findet im naturgemäßen Anbau nicht statt. Wichtig sind hier vor allem die Rahmenbedingungen. Die natürlichen Feinde der Gartenschädlinge sollten gefördert werden, indem man Vogelnistkästen aufhängt, Reisighaufen für Igel, Steinhaufen für Blindschleichen oder Spitzmäuse aufschichtet, oder indem man bevorzugt Doldenblütler aussät, um Nutzinsekten anzulocken. Auch entsprechende Saatgutmischungen, z.B. „Blüten für Nützlinge", werden bereits angeboten. Möglich ist auch der gezielte Einsatz von Nutzinsekten gegen Schädlinge: Florfliegen gegen Blattläuse oder Nematoden gegen Dickmaulrüßler zum Beispiel. Vor allem im Gewächshaus wird der Nützlingseinsatz längst mit großem Erfolg praktiziert. Hier werden Schlupfwespen gegen Weiße Fliegen und Raubmilben gegen Spinnmilben eingesetzt. Ebenfalls zu den bewährten Bio-Methoden gehört die Abwehr von Schmetterlingsraupen durch *Bacillus-thuringiensis*-Präparate.

Andere Pflanzenschutzmaßnahmen

Zur Abwehr von Schädlingen können allein nützlingsschonende Präparate empfohlen werden. Dieses Prädikat verdienen sanfte Insektizide mit dem Wirkstoff Kaliseife wie „Neudosan" und „Pflanzen Paral Sprühschutz für Obst und Gemüse", die gegen Blattläuse und andere saugende Insekten, Weiße Fliegen und Spinnmilben zum Beispiel, eine im Hobbygarten ausreichende Wirkung aufweisen. Den Kaliseife-Präparaten entspricht weitgehend die altbewährte Schmierseifenlösung zum Sprühen gegen Blattläuse: 20 g unparfümierte Schmierseife in 1 l warmen Wasser auflösen – fertig. Gegen Pilzkrankheiten sollten, falls nötig, vorzugsweise pflanzliche Präparate, z. B. aus Lecithin oder Knöterich, Verwendung finden. Ohne Einschränkung empfehlenswert sind alle Präparate, die zur Pflanzenstärkung dienen; das sind zumeist Extrakte aus Algen, Brennesseln oder anderen Kräutern, die zur Erhöhung der Widerstandskraft dienen. In diese Kategorie können auch neuartige Pflanzenpräparate, beispielsweise aus Extrakten von Nelkengewächsen, eingeordnet werden. Sie wirken, ähnlich wie die „guten Nachbarn" in der Mischkultur, positiv auf das Wachstum der Pflanzen.

Pflanzenauszüge hausgemacht

Selbst hergestellte Pflanzenbrühen und -jauchen zur Schädlings- und Krankheitsabwehr können in der Wirkung mit den chemischen Präparaten nicht konkurrieren. Sie wirken eher mild und regulierend – selten direkt gegen Schädlinge, wohl aber vorbeugend und allgemein pflanzenstärkend. Ihr positiver Effekt ist um so größer, je mehr alle Voraussetzungen für gutes Pflanzenwachstum erfüllt sind; also Bodenverbesserung mit Kompost und Mulchen, ausgewogene Düngung und artgerechte Pflege.
Zur direkten Abwehr von Blattläusen eignen sich Brühen aus Brennesseln, Rain- oder Wurmfarn. Dazu läßt man 1 kg des betreffenden Krauts 12 – 24 Stunden in 10 Liter Wasser ziehen und versprüht die Brühe unverdünnt. Beinwell- (Comfrey gilt bei Biogärtnern als bewährtes Allheilmittel) und Salbeiauszüge werden bevorzugt gegen Kohlfliegen versprüht. Gegen Pilzkrankheiten wird vorbeugend Schachtelhalmextrakt verwendet.

Die häufigsten Schädlinge

❁ <u>Ameisen:</u> Die überaus nützlichen Ameisen zählen keinesfalls zu den Schädlingen, sie können aber höchst lästig werden, weil sie zur Ausbreitung von Blattläusen beitra-

Marienkäfer vertilgen große Massen an Blattläusen.

Das Werk der Erdflöhe erkennt man an winzigen Löchern in den Blättern.

Kohlfliegenlarven (weiße Tiere am Boden) an Kohlrabi.

gen. Häufiges Streuen von Algenkalk und Steinmehl an den Nestausgängen vertreibt sie nach einiger Zeit.

❁ Blattläuse: Abspritzen mit Wasser, Bestäuben befallener Pflanzen mit Steinmehl, Algenkalk oder Holzasche. Im Notfall Kaliseife-Präparate sprühen. Auf Nützlinge achten: Marienkäfer und ihre Larven zählen zu den natürlichen Feinden der Blattläuse.

❁ Drahtwürmer: Fressen vorwiegend Salatwurzeln, der Salat welkt dann plötzlich. Vorbeugend Boden lockern. Bei Befall mit einer halbierten rohen Kartoffel ködern, die mit der Schnittseite in die Erde gedrückt wird. Am nächsten Morgen absammeln.

❁ Erdflöhe: Treten vor allem bei Radieschen, Rettich und Kohl auf. Man erkennt die Schädlinge an winzigen Löchern in den Blättern. Bei ausreichender Bodenfeuchtigkeit verschwinden sie wieder.

❁ Gemüsefliegen: Nicht die Insekten, sondern ihre Larven können Schaden anrichten, indem sie sich in die unterirdischen Pflanzenteile hineinfressen. Insektenschutznetze verhindern den Anflug. In Betracht kommen Möhren-, Zwiebel- und Kohlfliegen. Beschreibung in den jeweiligen Kulturanleitungen (ab Seite 73).

❁ Maulwurfsgrille (Werre): Welkende und umgefallene Jungpflanzen im Gemüsebeet sind typische Anzeichen des Befalls. Am besten mit simplen Fallen zu fangen: in die Gänge, die unmittelbar unter der Bodenoberfläche liegen, ebenerdig Dosen oder Gläser eingraben. Die Werren fallen hinein und können sich nicht selbst befreien.

❁ Nematoden: Winzige Fadenwürmer im Boden können bei Möhren und Kartoffeln, Erbsen und Bohnen deformierte Früchte verursachen. Mischkultur und Fruchtwechsel sind der beste Schutz. Bei Befall im Folgejahr Tagetes aussäen; die Nematoden sterben ab.

❁ Raupen: Während Schmetterlinge höchst willkommen sind, können manche als Raupen äußerst gefräßig sein. Im Gemüsebeet gilt das besonders für Kohlweißling,

Kohlweißlingsraupen an Kohl.

Schnecken machen vor Blüten nicht halt.

Weiße Fliegen am Tomatenblatt.

Spinnmilben-Schaden an Bohnen.

Weiße Fliege bei der Eiablage.

Kohl- und Lauchmotte; Beschreibung bei der Kulturanleitung für Kohl (Seite 93) und Lauch (Seite 131). Am einfachsten ist das Absammeln der Raupen; sonst Einsatz von *Bacillus-thuringiensis*-Präparaten.

❁ Schnecken: Schleimspuren und abgefressene Blätter von Salat und Jungpflanzen zahlreicher Gemüsearten weisen auf Nacktschnecken hin; Gehäuseschnecken sind weniger gefräßig. Schneckenzäune (auch elektrische!) halten die Weichtiere von ihren Lieblingspflanzen fern. Auch Barrieren aus Steinmehl, Kalk, Holzasche oder grobkörnigem Sand wehren sie ab – allerdings nur bei Trockenheit. Blätter von Tomaten, Majoran, Oregano und Maggikraut werden gemieden; also legt man sie um gefährdete Pflanzen aus. Zum Ködern dienen Salatreste, Rhabarberblätter, Kartoffelschalen – morgens absammeln. Auch unter ausgelegten Brettern kann man sie tagsüber absammeln.

❁ Spinnmilben: Treten gelegentlich bei Gurken, Bohnen und Tomaten auf; vorwiegend bei trockener, warmer Witterung. Mit Wasser abspülen, Sprühen mit Kaliseife-Präparaten.

❁ Weiße Fliegen: Bei Tomaten, vor allem im Gewächshaus häufig. Unter Glas ist der Einsatz von Nützlingen (Schlupfwespen) empfehlenswert. Sprühen mit Kaliseife-Präparaten ist ausreichend; die Anwendung muß aber viermal im Abstand von fünf bis sechs Tagen wiederholt werden (Gebrauchsanweisung beachten!).

Die gefürchtete Kohlhernie am Blumenkohl.

Mehltau an der Gurke.

❁ Wühlmäuse: Sie fressen mit Vorliebe Pflanzenwurzeln. Vertreibung durch Gießen von Jauche aus Holunderblättern in die Gänge möglich. Als Dauerlösung helfen häufig nur spezielle Wühlmausfallen.

Die häufigsten Krankheiten

❁ Bakterienkrankheiten: Selten; bei Tomaten kann der Befall zum plötzlichen Welken führen. Pflanzen müssen vernichtet werden. Vorbeugend resistentes Saatgut verwenden.
❁ Pilzkrankheiten: Echter und Falscher Mehltau tritt häufig bei Gurken auf; auch bei anderen Kürbisgewächsen. Pflanzliche Präparate auf Lecithin- oder Knöterich-Basis wirken am besten vorbeugend.
❁ Grauschimmel ist eine typische Erdbeerkrankheit; seltener bei Zwiebeln. Beim Auftreten im Gewächshaus für mehr Licht und Frischluft sorgen.
❁ Bodenpilze sind vor allem bei Kohl gefährlich (Kohlhernie). Beschreibung und Abwehrmaßnahmen in der jeweiligen Kulturanleitung (ab Seite 73).
Gefährlich ist die, gottlob selten auftretende Sklerotinia-Stengelfäule; zu erkennen an dem weißen, watteartigen Pilzgeflecht. Befallene Pflanzen in den Mülleimer werfen. Gefäßparasiten sind z. B. Zwiebelfäule und Meerrettichschwärze. Abwehr nur vorbeugend durch Beetwechsel möglich. Dasselbe gilt für die bei Tomaten und Kartoffeln auftretende Kraut- und Knollenfäule.
Weitere Pflanzenschutzmaßnahmen können Sie in den einzelnen Gemüse-Kulturbeschreibungen ab Seite 73 nachlesen.
Falls Sie sich über den Pflanzenschutz ausführlich informieren wollen, gibt es in derselben Buchreihe den Ratgeber „Naturgemäßer Pflanzenschutz".

Pflanzenanzucht

Sorten

Unterschieden wird beispielsweise zwischen frühen, mittelfrühen und späten Sorten. Damit ist die Aussaat- und Erntezeit gemeint. Wenn Sie Salat schon im März säen möchten, brauchen Sie eine frühe Sorte. Hier kommt es darauf an, daß sich der Salat auch bei niedrigen Temperaturen gut entwickelt; er muß aber nicht schoßfest sein, denn die Gefahr des Schossens besteht erst bei höheren Temperaturen. Wird dasselbe Saatgut im Mai oder Juni gesät, so ist der Erfolg mäßig, weil die Sorte eben nicht schoßfest ist. Zu dieser Aussaatzeit müssen Sie daher eine Sorte für den Sommeranbau verwenden. Wenn Sie Gemüse im Frühbeet oder Gewächshaus heranziehen möchten, dann achten Sie darauf, daß die Sorte für

den Anbau unter Glas geeignet ist. Auch das ist auf der Saattüte stets vermerkt.
Die verschiedenen Sorten unterscheiden sich außerdem im Aussehen – weißer oder blauer Kohlrabi, runde oder lange Möhren beispielsweise. Bei einigen Gemüsearten gibt es außerdem besonders robuste Sorten, die auch in kühleren Regionen noch zufriedenstellende Ernten bringen; Freilandgurken zum Beispiel. Solche Eigenschaften sind gleichfalls auf der Packung angegeben.

Besonders wichtig bei der Sortenwahl ist die Widerstandsfähigkeit gegen Krankheiten.

Von einigen Gemüsearten werden Züchtungen angeboten, die wenig anfällig gegen bestimmte, typische Krankheiten sind. Resistente Sorten gibt es insbesondere bei Spinat, Salat, Bohnen, Tomaten und Gurken. Sie bleiben selbst dann noch gesund und vital, wenn andere bereits stark befallen sind.
Die Bezeichnung „F1-Hybride" steht für Saatgut aus Kreuzungen bestimmter Eltern, deren erste Tochtergeneration (F1 = 1. Filialgeneration) exakt dieselben Eigenschaften aufweist. Solches Saatgut ist teurer, bietet aber die Gewähr für allerbeste Qualität.

Saatgut selbst ernten

Ausgereifte Samen verschiedener Gemüsearten kann man aufbewahren und für die Aussaat im nächsten Jahr verwenden. Praktikabel ist das bei allen Gemüsearten und Kräutern, die im Jahr der Aussaat Samen bilden; weit verbreitet, weil besonders einfach, bei Erbsen und Bohnen.
Damit das Vorhaben gelingt, müssen die Samen voll ausgereift sein. Die ertragreichsten Pflanzen sollte man rechtzeitig kennzeichnen und bevorzugt als Samenlieferanten nutzen. Es bringt wenig, nur die Samen solcher Pflanzen zu verwenden, die zufällig als letzte im Beet verblieben sind.
Bei Hülsenfrüchten ist die Samenernte am

Obere Bildreihe
Saatgut ernten: 1. Reichlich tragende Pflanzen werden mit einem Band gekennzeichnet.

Untere Bildreihe
Keimprobe: 1. Eine abgezählte Menge Samenkörner wird auf Zellstoffpapier ausgelegt und angefeuchtet.

einfachsten. Von Tomaten, Gurken und anderen fruchtbildenden Gemüsearten müssen die Samen aus vollreifen Früchten herausgelöst und schonend getrocknet werden. Wo sich die Samenkapseln aus verwelkten Blüten bilden, müssen die Blüten zunächst getrocknet und manchmal erst gedroschen

2. Die voll ausgereiften Samen müssen an einem sonnigen, trockenen Tag geerntet werden.

3. Bohnen- und Erbsensamen lassen sich einfach aus der Hülse lösen und in einer Tüte für das nächste Jahr lagern.

2. Bei einer Temperatur von 20 Grad C und unter dem Zellstoffpapier keimen die meisten Samen schnell.

3. Wenn wenigstens die Hälfte des Saatguts noch keimfähig ist, kann es noch verwendet werden.

werden, um die Samen auszulösen. Bei den vorher genannten F1-Hybriden sind die Nachkommen der nächsten Generation uneinheitlich oder steril, so daß die Samenernte in der Regel nicht lohnt. Auch bei erfolgreicher „Eigenzucht" sollte zwischendurch gekauftes Saatgut verwendet werden.

Keimfähigkeit und Lagerung

Samentütchen enthalten häufig mehr Saatgut, als gebraucht wird. Man bewahrt die angebrochenen Tüten am besten in einem Glasgefäß mit Deckel oder in einem verschlossenen Folienbeutel auf; in jedem Fall vor Feuchtigkeit geschützt. Die günstigste Lagertemperatur beträgt 10 – 15 Grad C. Saatgut ist unterschiedlich lange haltbar. Die Keimfähigkeit nimmt von Jahr zu Jahr ab. Um sie zu überprüfen, sät man eine abgezählte Menge Samenkörner auf feuchtem Zellstoffpapier aus und bringt sie zum Keimen. Wenn mehr als 50 Prozent der Samen keimen, können sie noch verwendet werden.

Aussaat mit Vorkultur

Gemüse aus wärmeren Ländern, zum Beispiel Tomaten oder Zucchini, ist frostempfindlich und darf vor den „Eisheiligen" Mitte Mai nicht nach draußen. Außerdem brauchen die Gemüsesamen eine Temperatur von wenigstens 20 Grad C, damit sie zuverlässig keimen. Man muß sie schon vorher im warmen Gewächshaus oder auf der Fensterbank im geheizten Zimmer aussäen, um sie später als Jungpflanzen ins Beet setzen zu können. Bei Freilandaussaat Mitte Mai, wenn keine Nachtfröste mehr drohen, reicht in unseren Breiten die Saisondauer nicht zum Ausreifen. Gleiches gilt für die ebenfalls wärmeliebenden Gurken, Melonen und Kürbisse. Sie werden besser bereits ab Mitte April vorkultiviert und in der zweiten Maihälfte ausgepflanzt. Das bringt eine frühere Ernte als die Freilandsaat im Mai. Etliche Gemüsearten kann man sowohl vorziehen als auch im Freiland säen. Typische Beispiele sind Salat, Kohlrabi und Kohl. Hier ist die Direktsaat einfacher, aber für eine frühere Ernte kann vorkultiviert werden.

Vorkultur im Glashaus oder am Fenster

Keine Frage, daß ein Gewächshaus die besten Bedingungen für die Pflanzenkinderstube bietet. Aber auch ein Frühbeet eignet sich prima. Und selbst ein Platz auf der Fensterbank im Zimmer ist keinesfalls nur eine Notlösung. Ideal ist ein geheiztes Gewächshaus. Im Glashaus ohne Heizung kann man für die Anzucht wärmebedürftiger Jungpflanzen ein geheiztes Vermehrungsbeet verwenden. Oder man sät Tomaten und andere Gemüsearten mit hoher Keimtemperatur zunächst im warmen Zimmer aus und bringt sie später ins Glashaus. Steht nur die Fensterbank als Anzuchtstätte zur Verfügung, dann muß vor allem für ausreichendes Licht gesorgt sein; also an der Südseite des Hauses. Vor Ende Februar sollten Sie am Fenster nicht mit dem Säen beginnen, weil bis dahin die Lichtintensität nicht ausreicht.

Gefäße, Erde

Die Aussaat unter Glas, egal ob im Gewächshaus oder im Zimmer, ist eine ganz angenehme Tätigkeit, weil man das Wunder der Keimung aus nächster Nähe betrachten kann. Man braucht dafür flache Saatschalen, die gewöhnlich aus Kunststoff bestehen,

Gefäße für die Anzucht: Topfplatten aus Kunststoff.

Pikierkästen aus Kunststoff gibt es in vielen Größen.

Jiffy-Recycling-Töpfe sind besonders umweltfreundlich.

aber ebenso kann in Holzkistchen oder Schalen aus Hartschaum gesät werden. Die Gefäße sollten Wasserabzugslöcher im Boden aufweisen; andernfalls muß äußerst zurückhaltend gegossen werden.
Gewöhnliche, fertig abgepackte Blumenerde ist für die Anzucht ungeeignet, da sie zuviel Dünger enthält. Auch reiner Torf kommt nicht in Betracht, weil er aufgrund des hohen Säuregehalts ungünstige Wachstumsbedingungen aufweist. Am besten kauft man spezielle Aussaaterde. Wenn größere Mengen benötigt werden, kann man selbst mischen: Torf, Sand und Gartenerde aus der oberen Bodenschicht zu jeweils gleichen Anteilen. Wenn vorhanden, wird gut verrottete, gesiebte Komposterde hinzugefügt. Das Sterilisieren der Erde ist bei der Anzucht von Gemüsejungpflanzen überflüssig, da sie schnell heranwachsen.
Größere Samen, beispielsweise von Gurken, Zucchini oder Kürbissen, kann man direkt in Einzeltöpfe säen. Auch Torftöpfe eignen sich gut, da sie später durchwurzelt werden und das Umtopfen entfällt. Noch empfehlenswerter sind Recycling-Töpfe aus Pappe; sie verrotten später. Man kann aber auch ganz schlicht in Eierkartons aussäen oder statt der Plastiktöpfe ausgediente Joghurtbecher verwenden. Eine ausgezeichnete Lösung stellen sogenannte Erdpreßtöpfe dar. Sie werden mit einer einfachen Topfpresse aus lehmiger Erde selbst hergestellt; oder man kauft sie fertig beim Gärtner. Statt zahlreicher Einzeltöpfe kann man auch Topfplatten benutzen. Das sind praktische Kunststoff-Tabletts mit Einbuchtungen für die Pflanzen.

So wird gesät

Die Aussaatgefäße füllt man bis knapp unter den Rand und drückt die Erde, vor allem an den Ecken, mit dem Handrücken leicht fest. Beim Säen kommt es besonders darauf an, die Samenkörner nicht zu dicht zu plazieren. Anschließend bedeckt man sie hauchdünn mit Erde, drückt sie noch ein-

Geschützte Aussaat. 1. Die Samen dürfen nicht zu dicht gesät werden. Man klopft mit dem Zeigefinger leicht auf die Saattüte oder schiebt den Samen mit einem Stift einzeln heraus.

2. Mit einem Sieb streut man Sand über die Aussaat – aber nur hauchdünn. Anschließend mit der Hand oder mit einer Holzplatte festdrücken.

3. Zum Befeuchten der Saatschalen ist ein Wasserzerstäuber vorteilhaft. Der Wasserbedarf ist gering.

4. Eine Klarsichthaube oder Folie sorgt für hohe Luftfeuchtigkeit. Die Samen keimen, und schon nach drei bis vier Wochen muß pikiert werden.

5. Mit einem Pikierstab oder einem Holzstückchen drückt man Löcher in die Topferde und setzt die Pflänzchen mit unversehrten Wurzeln hinein.

6. Etwas Erde an die Wurzeln schieben, damit die Pflanzen Halt haben, danach muß kräftig gewässert werden.

mal leicht an und wässert vorsichtig mit der Gießbrause. Eine Glasscheibe oder Klarsichtfolie sorgt für die notwendige hohe Luftfeuchtigkeit. Sobald die Samen aufgegangen sind, wird die Abdeckung wieder entfernt.

Pikieren

Damit die Sämlinge ausreichend Platz zur Entwicklung finden, werden sie in der Regel in Einzeltöpfe pikiert. Das ist drei bis fünf Wochen nach der Aussaat nötig; sobald die Pflänzchen nach den Keimblättern die ersten „richtigen" Blätter bilden. Beim Umsetzen müssen die Sämlinge vorsichtig aus der Erde genommen werden, um die feinen Wurzeln nicht zu verletzen. Am besten gießt man vorher noch einmal.
Alle unter Glas herangezogenen Pflanzen müssen zunächst abgehärtet werden, ehe sie im Freiland gesetzt werden können. Man holt sie bei bedecktem Himmel nach draußen oder stellt sie zunächst zwei bis drei Tage in den Schatten, bis sie sich akklimatisiert haben.

Direktsaat

Natürlich ist es am einfachsten, die Samenkörner direkt an ihrem vorgesehenen Platz im Beet auszusäen. Bei Spinat, Feldsalat, Radieschen, Möhren oder Zwiebeln zum Beispiel wäre eine Vorkultur auch kaum praktikabel. Bei der Direktsaat kommt es entscheidend auf sorgfältige Bodenvorbereitung an. Das Herrichten der Beete erfolgt vornehmlich im Herbst. Der Boden wird umgegraben oder zumindest tiefgründig gelockert. Auch die Grunddüngung der Beete kann zu diesem Zeitpunkt bereits erfolgen. Der zweite Teil der Vorbereitung ist erst im Frühjahr vor dem Aussaattermin an der Reihe. Die Erde wird dann noch einmal oberflächlich gelockert und – falls noch nicht geschehen – gedüngt. Bis zum Säen muß sich die Bodenkrume wieder abgesetzt

Direktsaat im Freiland.

1. Für die Direktsaat im Beet muß die Anbaufläche sorgfältig vorbereitet sein: im Herbst schweren Boden grobschollig umgraben ...
2. ... im Frühjahr den Boden dann nur noch an der Oberfläche lockern; am besten geht's mit einem Kultivator.
3. Unmittelbar vor der Aussaat die Bodenoberfläche mit einer Harke krümeln; aber nicht tiefer als 3 cm.
4. An einer gespannten Schnur entlang die Saatrillen mit einer schmalen Hacke oder einfach mit dem Gerätestiel ziehen.
5. Beim Aussäen die Samenkörner je nach Gemüseart in ausreichendem Abstand in die Saatrille legen.
6. Mit dem Rücken der Harke anschließend Erde dünn über die Saat schieben und festdrücken.
7. Zum Schluß mit feinem Sprühstrahl ausgiebig wässern; während der Keimzeit die Aussaatfläche unbedingt feucht halten.

haben. So lange dauert es, ehe sich die Kapillaren, die haarfeinen Röhrchen, die das Wasser aus tieferen Bodenschichten nach oben befördern, wieder gebildet haben. Zur Aussaat krümelt man die Beetoberfläche dann noch einmal mit einer Harke – maximal 3 cm tief.

Gemüse wird fast immer in Reihen gesät. Ausnahmen sind Spinat und Feldsalat, bei denen auch eine breitwürfige Aussaat möglich ist, das Saatgut also gleichmäßig auf der Beetfläche verteilt wird. Außerdem gibt es die sogenannte Horstsaat, die vornehmlich bei Bohnen angewandt wird: Man legt die Bohnen in kleinen Gruppen (Horsten) von jeweils vier bis sechs Stück aus.

Für gerade Reihen zieht man die Saatrillen entlang einer gespannten Schnur. Bei größe-

Saatbänder sind kinderleicht zu verlegen.

ren Flächen ist ein Rillenzieher empfehlenswert; ein Gerät, mit dem mehrere Saatreihen nebeneinander gleichzeitig gezogen werden können. Die Furchen sollten durchschnittlich 1 – 3 cm tief sein; die Saattiefe richtet sich nach der jeweiligen Gemüseart.
Pillensamen und Saatbänder kommen grundsätzlich 1 cm tief in die Erde. Die Saat wird anschließend dünn mit Erde bedeckt, indem man mit einer Harke Erde darüber schiebt und mit dem Rücken der Harke leicht andrückt. Abschließend muß das Beet noch mit der feinen Düse des Gartenschlauchs gründlich gewässert werden; oder man wartet Regen ab. Sobald die Saat feucht wurde, darf sie bis zum Keimen zu keinem Zeitpunkt trocken werden. Häufiges, kurzzeitiges Wässern ist in der Aussaatphase ausnahmsweise besser als ausgiebiges Gießen in Abständen.

Pflanzung

Das Setzen der Jungpflanzen, gekauft oder selbst vorgezogen, erfolgt – wenn möglich – an einem Tag mit bedecktem Himmel oder zumindest erst am späten Nachmittag. Der Boden sollte gut gelockert sein. Ein Pflanzholz kann, muß aber nicht verwendet werden. Ebenso kann die Erde mit einer Hacke gelockert werden. Das Loch darf nicht zu eng sein, um den Wurzeln ausreichend Platz zum Ausbreiten zu geben.
Die Pflanztiefe spielt vor allem bei Jungpflanzen von Kopfsalat, Endivien, Kohlrabi und Chinakohl eine wichtige Rolle: Sie müssen möglichst hoch – am besten auf kleine „Mini-Hügel" – gesetzt werden, weil sonst die Kopf- bzw. Knollenbildung beeinträchtigt wird. Dagegen setzt man die übrigen Kohlarten, Tomaten und Lauch besonders tief in die Erde.

Abstand halten

Der Pflanzabstand darf keinesfalls zu eng gewählt werden. Einerseits möchte man zwar möglichst viel Gemüse auf einem Beet unterbringen, aber andererseits dürfen sich die Pflanzen in ausgewachsenem Zustand gerade an den Spitzen berühren, nicht aber be-

Pflanzung von Zuckermais.
1. Die in Einzeltopfplatten herangezogenen, gut bewurzelten Jungpflanzen werden ausgetopft und auf das Beet gelegt.

engen. Der Abstand zwischen den einzelnen Gemüsereihen wird gewöhnlich etwas größer gewählt als der Abstand der Pflanzen in der Reihe, dadurch wird die Bearbeitung der Beete, vor allem das Hacken, erleichtert. Bei sehr begrenztem Platz kann man auch versetzt pflanzen; also die Pflanzen der zweiten Reihe auf Lücke der ersten Reihe setzen. Die günstigsten Pflanz- und Reihenabstände sind bei den Beschreibungen der einzelnen Gemüsearten angegeben. Zu beachten ist dabei, daß sortenbedingt unterschiedliche Maßangaben möglich sind. So können zum Beispiel frühe Kohlsorten enger gesetzt werden als später Kohl, der einen größeren Umfang erreicht.

Nach dem Einpflanzen muß gründlich gewässert werden. Dabei kommt es vor allem darauf an, daß im Wurzelbereich keine Hohlräume verbleiben und die Wurzeln Kontakt mit der Erde bekommen.

Gleichmäßige Bodenfeuchtigkeit ist eine der Voraussetzung für einen guten Ertrag bei der Ernte und die Qualität der Gemüsepflanzen.

Bewässerung

Wasserbedarf

Wasser ist kostbar und sollte deshalb möglichst sparsam verwendet werden. Das bedeutet aber nicht, daß Sie damit im Garten geizen sollen, denn gleichmäßige Bodenfeuchtigkeit ist Voraussetzung für guten Ertrag und für die Qualität der Gemüse-

2. Die Pflanzen setzt man mit einem Pflanzholz auf Lücke in die einzelnen Reihen. Sie werden angedrückt, damit sie eine gute Verbindung zum Erdreich haben.

3. Geschafft! Wichtig: das Angießen nicht vergessen. Auch in den nächsten Wochen dürfen die Jungpflanzen nicht unter Wassermangel leiden.

pflanzen. Vor allem zur Zeit ihres stärksten Wachstums benötigen sie ausreichend Wasser. Hält man sie in dieser Zeit zu knapp, dann erleiden zwar die Pflanzen keinen größeren Schaden – wohl aber die Früchte: Kohlrabi beispielsweise wird holzig, Rettich und Radieschen bekommen einen unangenehm scharfen Geschmack. Ungleichmäßige Bodenfeuchtigkeit ist meistens die Ursache, wenn Gurken bitter schmecken oder Tomaten aufplatzen.

Den höchsten Wasserbedarf weist Gemüse in folgenden Wachstumsperioden auf:

- Bohnen – während der Hauptblüte und mit beginnender Fruchtbildung.
- Gurken, Tomaten, Zucchini – mit Beginn der Fruchtbildung.
- Kartoffeln – ab Blütenbeginn.
- Kohl, Salat – während der Kopfbildung.
- Kohlrabi – mit Beginn des Knollenansatzes.
- Sellerie – nach dem Auspflanzen bis zum Schließen der Reihen.
- Zwiebeln – nur zu Beginn der Zwiebelbildung.

Die Pflanzen im Garten müssen durchdringend gegossen werden, damit der Boden bis in die unteren Wurzelbereiche ausreichend feucht ist. Die meisten Gemüsepflanzen erreichen eine Wurzellänge von 10 – 30 cm.

Wann und wie wässern?

Durch überlegten Umgang mit Gießkanne und Gartenschlauch läßt sich der Wasserverbrauch einschränken, ohne den Pflanzen zu schaden. Wenn schon wässern, dann bitte ausgiebig – so lautet die alte Praxisregel, die noch immer gilt. Den Pflanzen nützt es nur wenig, wenn lediglich die oberste Bodenschicht befeuchtet wird. Ausgiebiges Wässern im Abstand von mehreren Tagen ist in jedem Fall besser, als täglich ein bißchen zu gießen. Durchdringendes Wässern bewirkt, daß auch die tieferen Bodenschichten gründlich durchnäßt werden. An heißen Tagen kann dann durchaus die Oberfläche trocken werden, ohne daß den Pflanzen der lebenswichtige Stoff ausgeht.

Wenn die Bodenoberfläche trocken ist, so heißt das nicht, daß unbedingt gegossen werden muß. Oft ist die Erde in Wurzeltiefe noch ausreichend feucht, so daß keine zusätzliche Bewässerung nötig ist. Graben Sie einfach einmal mit dem Spaten bis in Wurzeltiefe, also 10 – 30 cm tief. Flachwurzelnde Gemüsearten wie Salat oder Spinat sind eher durch Trockenheit bedroht als tiefwurzelnde wie Tomaten. Und selbstverständlich darf bei Aussaaten die Bodenoberfläche nicht austrocknen.

Der günstigste Zeitpunkt zum Wässern ist der frühe Morgen. Das bekommt den Pflanzen am besten, denn für sie bedeutet das eine Ergänzung des nächtlichen Taus. Auch die Wasserrechnung wird so entlastet, weil der Boden dann noch kühl ist und kaum Wasser verdunstet. Beim Gießen in den Abendstunden ist der Boden durch die Sonne erwärmt und verdunstet dadurch einen Teil des Gießwassers gleich wieder. Das gilt erst recht, wenn in der Mittagssonne gewässert wird. Eine kühle Dusche für die erwärmten Pflanzenteile kann sogar einen kurzfristigen Wachstumsschock hervorrufen.

Geben Sie den Pflanzen möglichst dort Wasser, wo es benötigt wird: im Wurzelbereich. Häufiges Benetzen der Blätter kann bei empfindlichen Pflanzen, Tomaten zum Beispiel, die Entstehung von Pilzkrankheiten begünstigen.

Bodenfeuchtigkeit erhalten

Hacken und Mulchen sind bewährte Methoden, um die Verdunstung der Bodenfeuchtigkeit herabzusetzen und auf diese Weise den Wasserverbrauch zu vermindern. Durch das regelmäßige Hacken der Bodenoberfläche werden die feinen Kapillarröhrchen, in denen das Bodenwasser nach oben steigt, unterbrochen. Ebenso kann man mit einer dünnen Mulchschicht aus Grasschnitt, gehäckseltem Stroh oder anderen Pflanzenresten die Bodenfeuchtigkeit länger bewahren. Wenn Sie Ihren Garten in der Urlaubszeit sich selbst überlassen, hilft eine kurzzeitig dicker angehäufte Mulchschicht, Trockenschäden zu verhindern.
Wie oft gewässert werden muß, hängt natürlich vom Wetter, aber auch von der Bodenbeschaffenheit ab. Ein leichter Sandboden weist eine nur geringe Wasserhaltefähigkeit auf. Hier muß häufiger gewässert werden als in einem schweren Lehmboden. Durch Zugaben von Tonmehl läßt sich in Sandböden die Wasserspeicherkapazität erhöhen. Auch bei einem hohen Grundwasserstand muß seltener gewässert werden.

Gemulchte Beete brauchen wesentlich weniger Wasser als nicht gemulchte.

Automatikbewässerung

Wer sich die Arbeit häufigen Gießens und gleichzeitig Wassergeld sparen möchte, ist mit einer Tropfenbewässerung gut bedient. Dabei verdunstet kaum Feuchtigkeit, und außerdem wird der Wurzelbereich gezielt bewässert. Sie ist ideal für Pflanzgefäße und für die Versorgung größerer Einzelgewächse wie Tomaten- oder Gurkenpflanzen.
Die einfachste Art der Bewässerungsautomatik ist ein Rasensprenger, der über eine Zeitschaltuhr ein- und ausgeschaltet wird. Der Handel bietet auch für den Hobbygarten preiswerte Systeme an, die elektronisch gesteuert werden. Mit einem Feuchtigkeitsfühler als Zubehör kann der Bewässerungsvorgang sogar vollkommen selbsttätig ablaufen.

Regenwasser

Regenwasser kann aufgrund der Luftverschmutzung nur mit Einschränkung für die Bewässerung der Nutzpflanzen empfohlen werden. Was vom Dach direkt in den Auffangbehälter läuft, ist – je nach Region – mehr oder weniger mit Schadstoffen belastet. Am stärksten verschmutzt ist der erste Niederschlag nach einer längeren Trockenperiode. Mit dem Einbau einer Regenwasserklappe in das Regenfallrohr läßt sich das Problem auf einfache Art lösen. Erst wenn der Niederschlag ausreichend sauber ist und auch die Schmutzablagerungen vom Dach abgespült sind, wird die Klappe betätigt und das Wasser in den Auffangbehälter geleitet. Bei starkem Regen ist das nach etwa zehn Minuten, bei leichtem Regen nach einer halben Stunde soweit.

Ernte

Allgemeines

Gemüse schmeckt am besten, wenn es unmittelbar vor dem Verzehr geerntet wird. Der richtige Zeitpunkt zur Ernte ist bei den meisten Gemüsearten kurz vor der Vollreife erreicht. Bohnen, Erbsen, Radieschen, Möhren und Kürbisgewächse sind hierfür typische Beispiele. Jung geerntet, schmekken sie zarter. Ähnliches gilt für Blattgemüse wie Salat und Spinat und auch für Kohlrabi und Rote Bete, die man deshalb nicht voll auswachsen läßt.

Rechtzeitiges Ernten ist bei Gurken angesagt, denn sie reifen enorm schnell. Auch beim Brokkoli darf der Erntezeitpunkt nicht verpaßt werden, weil er an heißen Tagen rasch aufblüht und dann unbrauchbar ist. Zucchini dürfen keinesfalls zu riesigen „Keulen" heranwachsen; bei einer Länge von 10 – 20 cm entwickeln sie das beste Aroma. Und selbstverständlich muß Frühgemüse zeitig geerntet werden. Hier kommt es vor allem darauf an, so früh wie möglich den ersten Salat oder Kohlrabi auf den Tisch zu bringen – genaugenommen also unreif zu ernten. Anders verhält es sich bei Tomaten. Das beste Aroma zeigen sie, wenn sie voll entwickelt sind. Und auch beim Rosenkohl und Grünkohl schiebt man den Erntezeitpunkt hinaus; hier trägt Frosteinwirkung zur Geschmacksverbesserung bei. Zwiebeln läßt man solange im Boden, bis das Laub von selbst vergilbt.

Im Gegensatz zum Erwerbsanbau ist es im Hobbygarten eher ein Vorteil, wenn nicht alle Pflanzen gleichzeitig erntereif sind. Beim Salat beispielsweise holt man zunächst die größten Köpfe aus dem Beet, damit sich die nachwachsenden Pflanzen noch weiterentwickeln können. Ebenso verfährt man bei Radieschen, Rettich oder Möhren. Auch Bohnen kann man mehrfach durchpflücken. Die Schoten müssen vorsichtig geerntet werden, weil sonst das Wachstum der nachwachsenden Früchte beeinträchtigt wird.

Der Lohn unserer Mühe: gesundes, frisches Gemüse an jedem Sommertag.

Ernte in Folgesätzen

Einige Blattgemüsearten bieten die Möglichkeit der Ernte „auf Raten". Typisch ist Pflücksalat, von dem jeweils die äußeren Blätter laufend geschnitten werden, ohne das Herz der Pflanze zu beschädigen. Auch Spinat kann auf diese Art mehrfach geerntet werden. Schnittsalat und Portulak werden jeweils bei einer Länge von 10 cm abgeschnitten; sie wachsen wieder nach. Vom Brokkoli bieten zahlreiche Sorten mehrere, kleinere Nachernten. Durch Aussaat von Folgesätzen läßt sich bei schnellwüchsigem Gemüse wie Spinat, Radieschen und vor allem bei den Salaten eine fortlaufende Ernte programmieren. Das ist weitaus besser, als zuviel auf einmal auszusäen und dann die Familie mit einem riesigen Erntesegen zu nerven, der innerhalb kurzer Zeit konsumiert werden muß. Von Ihrem Lieblingsgemüse können Sie außerdem frühe, mittelfrühe und

Vormittag	Nachmittag

Generell ist für die Ernte von Gemüse zum Sofortverzehr der Vormittag die günstigste Tageszeit.

Lagergemüse erntet man vorwiegend nachmittags; unbedingt bei trockenem Wetter.

späte Sorten anbauen, so daß von vornherein für eine längere Erntezeit gesorgt ist.

Die Tageszeit spielt bei der Ernte durchaus eine Rolle. Der Vormittag ist allgemein am günstigsten. Für die Ernte von Gemüse, das anschließend eingelagert werden soll, ist dagegen der Nachmittag besser. Hier kommt es außerdem darauf an, daß bei trockenem Wetter geerntet wird, denn feuchtes Gemüse fault leicht.

Lagerung

Allgemeines

Was an Gemüse nicht sofort verzehrt wird, kann man in geeigneten Räumen lagern. Auch eine Erdmiete im Garten, Frühbeet oder im ungeheizten Gewächshaus ist geeignet; vornehmlich für Wurzelgemüse. Für die Einlagerung kommen vor allem Möhren, Rote Bete, Sellerie und Kopfkohl in Betracht; außerdem Endivien, Fenchel, Lauch und auch Kartoffeln.
Eine ideale Lagerstätte ist ein Naturkeller mit Lehmboden. Auf jeden Fall muß der Keller, Schuppen oder Dachboden gut belüftet und frostfrei, aber nicht zu warm sein (maximal 10 Grad C). Obst und Gemüse sollten nicht im selben Raum gelagert werden. Problematisch sind vor allem Äpfel, weil sie Ethylen ausdünsten. Dieses Gas verringert die Haltbarkeit des übrigen Lagergutes. Allein bei unreif eingelagerten, grünen Tomaten kann man sich das Ethylengas zunutze machen, denn es fördert die Rotfärbung der Tomaten.
Zwiebeln und Knoblauch flechtet man an den getrockneten Blättern zu Zöpfen und hängt sie unter der Decke auf. Ebenso werden Kohlköpfe – mit den Strünken nach oben – unter der Decke aufgehängt. Wurzelgemüse hält sich länger, wenn es in einer Kiste mit leicht angefeuchtetem Sand eingeschlagen wird. Im Idealfall halten sich Möhren, Sellerie und Rote Bete so bis zum Frühsommer des nächsten Jahres.

Erdmiete anlegen

Für die Lagerung in einer Erdmiete hebt man im Garten eine 30 cm tiefe Mulde aus, bedeckt den Boden mit Sand oder Stroh und

Auch das geht: eine Holzkiste als Miete.

Keller als Lagerraum: Kohlpflanzen sind an den Wurzeln aufgehängt, Zwiebeln luftig am geöffneten Fenster. Möhren, Sellerie und Rote Bete lagern in einer sandgefüllten Obstkiste.

Erdmiete im Garten: die ausgehobene Grube wird mit Sand oder Stroh ausgelegt; das Gemüse kann schichtweise hineingelegt werden, jeweils mit Sand oder lockerer Erde und/oder Stroh bedeckt. Zuletzt kommt eine dicke Stroh- oder Laubschicht als Frostschutz darüber. Abdecken kann man zusätzlich mit Erde.

legt das Gemüse schichtweise in die Grube; jeweils mit Sand oder lockerer Erde bedeckt. Zuletzt kommt eine dicke Stroh- oder Laubschicht darüber. Mit zunehmendem Frost wird auch der Bodenaushub als zusätzlicher Kälteschutz darauf verteilt. Gegen hungrige Mäuse schützen Sie das Lagergut, indem Sie Boden und Seitenwände mit Ziegelsteinen auskleiden und die Miete mit einem Holzdeckel abdecken. Eine andere Möglichkeit ist das Eingraben einer stabilen Holzkiste mit Deckel. Solch eine Miete ist ohne viel Aufwand schnell angelegt.

Gemüse-Portraits

Blattgemüse/Salate

Kopfsalat

Lactuca sativa var. *capitata*
Familie: Korbblütler

Ansprüche: Für den Anbau sind alle Klimabereiche geeignet, und auch der Boden spielt keine besondere Rolle, sofern er nur tiefgründig gelockert ist. Wichtig ist eine vollsonnige Lage, denn bei mangelhafter Lichteinwirkung bilden sich keine festen Köpfe, und der Nitratgehalt erhöht sich. Beim Anbau im zeitigen Frühjahr müssen unbedingt frühe Sorten verwendet werden, während für den späteren Anbau entsprechende Sommersorten in Frage kommen.

Anzucht: Die Aussaat kann schon ab Ende Januar unter Glas erfolgen, wenn Jungpflanzen fürs Frühbeet gewünscht werden. Februaraussaaten können ab Ende März im Freiland gepflanzt werden. Die Aussaattemperatur beträgt 12–18 Grad C. Die Keimung beginnt bereits bei einer Temperatur von 5 Grad C. Bei mehr als 20 Grad C wird die Keimung erschwert. Bei hohen Temperaturen im Sommer sollte man die Samen vor der Aussaat einen Tag im Kühlschrank aufbewahren oder erst abends aussäen und in der Folge gut feucht halten. Gesät wird vorzugsweise in kleinen Saatschalen, so daß später eine nicht zu große Menge für den sofortigen Verzehr zur Verfügung steht. Die Sämlinge müssen bei ausreichendem Saatabstand nicht unbedingt pikiert werden. Da meist zu dicht gesät wird, setzt man sie in diesem Fall in größere Schalen mit weiterem Abstand. Sie dürfen dabei nicht zu tief gepflanzt werden.

Das Angebot an Kopfsalatsorten ist sehr reichhaltig, hier eine grüne Sorte mit roten Flecken.

Kopfsalat ist aus dem Gemüsebeet nicht wegzudenken.

Direktsaat: Um das Pikieren zu umgehen, bei dem die Pflänzchen stets für einige Tage stark geschwächt sind, empfiehlt sich in vielen Fällen die Direktsaat. Auf dem gut vorbereiteten Beet sät man mit einem Reihenabstand von 25 cm in 1 cm tiefe Saatrillen. Die Sämlinge werden später ebenfalls auf einem Abstand von 25 cm verzogen. Für frühen Salat, kleinköpfige Sorten und bei sehr beengtem Platz kann der Pflanzenabstand auf 20 cm verringert werden.

Pflanzung: Wenn unter Glas vorgezogene Salatpflanzen ins Beet gesetzt werden, wählt man denselben Abstand wie vorher beschrieben. Beim Einpflanzen muß ganz besonders darauf geachtet werden, daß die Setzlinge möglichst flach in die Erde kommen. Salat wird am besten auf einem Minihügel gepflanzt und darf keinesfalls „vergraben" werden. Richtig gesetzt, stehen die Pflänzchen in den ersten Tagen noch auf wackeligen Füßen, werden aber nach kurzer Zeit robust.

Düngung: Eine Humusversorgung mit Komposterde und zusätzliches Mulchen reicht in guten Böden bereits aus. Die Nährstoffan-

Mischkultur: Wenn der schnellwüchsige Kopfsalat geerntet ist, bleibt Platz für die Erbsen.

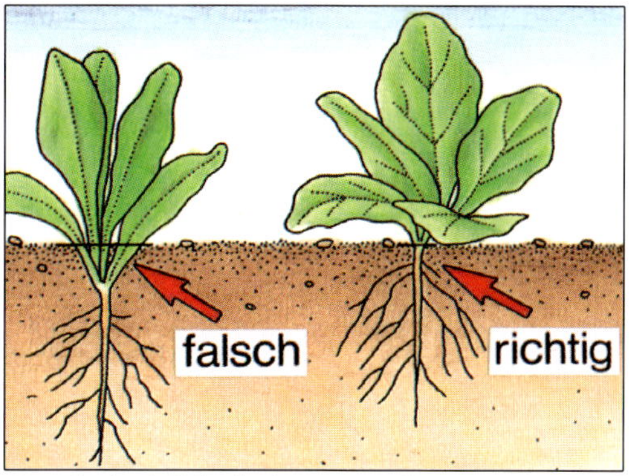

Kopfsalat bildet keinen Kopf, wenn er zu tief gepflanzt wird.

sprüche sind gering. Allgemein wird eine Menge von 30 g organischem Volldünger pro Quadratmeter empfohlen. Pflanzenjauche ist zur Stickstoffversorgung gut geeignet. Gedüngt wird grundsätzlich vor der Aussaat oder Pflanzung. Alle Salate weisen von Natur aus einen recht hohen Nitratgehalt auf. Durch übermäßige Düngung und geringe Lichtintensität wird der schädliche Nitratanteil zusätzlich erhöht. Zurückhaltung beim Düngen und möglichst viel Sonne sind daher vor allem beim beliebten Frühanbau im Gewächshaus oder Frühbeet angebracht.

Pflege: Kopfsalat ist ein idealer Lückenbüßer, weil er nicht unbedingt ein eigenes Beet braucht. Er kann prima dort gepflanzt werden, wo gerade Platz frei wurde, denn vom Setzen der Jungpflanzen bis zur Ernte dauert es im günstigen Fall nur fünf bis sechs Wochen. Der hohe Wassergehalt der Blätter, die nach dem Pflücken rasch welken, zeigt, daß sich Wassermangel schnell auswirkt. Ungünstig ist allerdings ein dauernasser Boden bei kühler Witterung. Der Boden muß einige Male gehackt werden, bis sich die Reihen geschlossen haben.

Anbau unter Glas: Der Anbau von Kopfsalat im Frühbeet und erst recht im Gewächshaus ist verlockend. Im Winter dauert es allerdings recht lange und ist dabei nicht ganz problemlos. Wird im mäßig beheizten Gewächshaus Anfang Dezember gesät, dann ist der Salat Ende März erntereif. Bei Aussaat im Februar können Sie Ende April ernten. Bei 10 – 15 Grad C entwickelt sich der Salat im Frühjahr am besten. Unter Glas wird diese Temperatur leicht erreicht. Wird es wärmer, muß rechtzeitig gelüftet werden. Beim Wässern sollen möglichst nur der Boden, nicht die Blätter befeuchtet werden; morgens gießen. Achten Sie beim Kauf des Saatguts auf Sorten für den Anbau im Gewächshaus.

Ernte: Kopfsalat bleibt nicht lange haltbar und muß daher stets frisch geerntet werden. Säen Sie nie zu viele Pflanzen auf einmal, denn der fertige Salat droht bei zu langem Verweilen auf dem Beet zu schossen. Ernte im beheizten Gewächshaus ab März, im Frühbeet oder unbeheizten Glashaus ab April und bei Direktsaat im Freiland ab Mai.

Biologischer Pflanzenschutz: Bei der Anzucht treten gelegentlich Blattläuse auf, die sich aber leicht durch Abspülen mit Wasser entfernen lassen. Bei zu feuchter Haltung im Gewächshaus, gelegentlich auch bei anhaltend feuchter Witterung im Freiland, kann Grauschimmel die Blätter befallen. Sie werden entfernt, der Boden gehackt, und

bei wärmerem Wetter erledigt sich dann das Problem von selbst. Unangenehm sind Schnecken, die junge Salatsetzlinge und keimende Sämlinge zu ihrer Lieblingsspeise erkoren haben. Reste von abgeernteten Köpfen werden auf dem Boden gelassen, um Schnecken von den Salatpflanzen abzulenken. Abwehrmaßnahmen Seite 58.
Wenn Salat plötzlich welkt, obwohl der Boden ausreichend feucht ist, sind oft Drahtwürmer schuld. Das sind die Larven von Schnellkäfern; sie fressen sich in die Salatwurzel und lassen die Pflanze absterben. Man ködert sie am einfachsten mit einer halbierten Kartoffel, die abends im Salatbeet in die Erde gedrückt wird. Am nächsten Morgen kann man dort die gefräßigen Drahtwürmer absammeln.

Pflücksalat

Lactuca sativa var. *crispa*
Familie: Korbblütler

Wissenswertes: Bekannt ist vor allem die Sorte 'Lollo Rosso'. Eichblattsalat mit seinen typischen, in der Form Eichenlaub ähnelnden Blättern, ist eine begehrte Variante. Die Beliebtheit von Pflücksalat beruht auf der frühen Ernte mit der Möglichkeit von Folgeernten. Der Name deutet darauf hin, daß die Blätter gepflückt werden; und zwar einzeln von unten nach oben. Wenn das Herz der Pflanze dabei unbeschädigt bleibt, kann mehrfach gepflückt – oder natürlich geschnitten werden.

Ansprüche: wie Kopfsalat (siehe S. 74). Windgeschützte Lagen sollten gemieden werden. Volle Sonne ist für einen niedrigen Nitratgehalt wichtig. Beim Sommeranbau ist dagegen auch ein halbschattiger Standort möglich.

Anzucht: ähnlich Kopfsalat. Unter Glas ab Januar für die Pflanzung im Gewächshaus oder Frühbeet. Anfang März werden die Pflanzen fürs Freiland vorgezogen.

Direktsaat/Pflanzung: Im Beet wird ab Ende März mit einem Reihenabstand von 20 – 25 cm in 1 cm tiefe Rillen gesät. Der spätere Abstand der einzelnen Pflanzen in der Reihe sollte ebenfalls 20 – 25 cm betragen. Bei starkwüchsigen Sorten kann man den Abstand bis auf 30 cm vergrößern. Zu dicht wachsende Sämlinge müssen frühzeitig versetzt werden.

Düngung/Pflege: wie Kopfsalat. Auf gleichmäßige Bodenfeuchtigkeit ist besonders zu achten.

Ernte: Bei günstiger Witterung können die ersten Blätter schon vier Wochen nach dem Setzen der Pflanzen geerntet werden. Gepflückt wird, sobald der Salat gerade 10 cm

Mit der Schere geht die Pflücksalaternte schnell und einfach.

Eichenblattsalat ist wegen seiner besonderen Blattform ein beliebtes Frischgemüse.

Rote Salatsorten wie 'Lollo Rosso' werden von Schnecken weniger befallen als die grünen.

hoch ist. Nehmen Sie anfangs nicht zuviele Blätter auf einmal weg.

Biologischer Pflanzenschutz: Wie Kopfsalat, aber gewöhnlich besteht kein Bedarf, denn Pflücksalat ist deutlich widerstandsfähiger. Die roten Sorten werden sogar von Schnecken weitgehend gemieden – jedenfalls so lange, bis kein grüner Salat mehr da ist.

Eissalat

Lactuca sativa L. var. *capitata*
Familie: Korbblütler

Aussaat: Für frühe Ernten kann bereits im März unter Glas vorgezogen und im April unter Folie gepflanzt werden. Üblicher ist die Direktsaat ab Ende März im Freiland, ebenfalls unter Folienabdeckung. Für die Sommerernte sät man im Mai/Juni, für die Herbsternte bis Ende Juli. Die Saatrillen werden 1 cm tief gezogen. Der Reihenabstand ist etwas größer als beim Kopfsalat: 30 – 40 cm. Auf denselben Abstand innerhalb der Reihe werden die Sämlinge verzogen. Sie lassen sich bei einer Höhe von nicht mehr als 8 cm leicht versetzen. Unter Glas oder auf der Fensterbank vorkultivierte Jungpflanzen werden möglichst flach in die Erde gesetzt.

Düngung: Eissalat braucht mehr Nährstoffe als Kopfsalat. Organischer Volldünger ist hier ausnahmsweise weniger geeignet, weil Kalium das Wachstum von Eissalat ungünstig beeinflußt. Günstig sind Hornspäne, ca. 40 g pro m^2. Der hohe Stickstoffbedarf läßt sich durch Brennesseljauche erfüllen. Den erwünschten humosen Boden erreicht man durch regelmäßige Kompostgaben.

Pflege: Flaches Hacken zwischen den Salatreihen fördert das Wachstum. Erfreulicherweise reagiert Eissalat auf kurzfristige Trockenheit oder anhaltend kühle Witterung neutral; die Bildung fester Köpfe wird kaum beeinträchtigt. Optimal ist gleichmäßige Bodenfeuchtigkeit während der gesamten Kulturzeit.

Ernte: Eissalat ist knapp zwei Wochen später als Kopfsalat erntereif. Einzelne, äußere Blätter können schon vorher gepflückt wer-

Eissalat ist sehr frisch und knackig, ein typischer Sommersalat.

Die äußeren Blätter des Eissalates lassen sich schon vor der Erntereife pflücken.

den, ohne daß es der Pflanze schadet. Die Ernte kann bei Folienabdeckung bis in den Spätherbst ausgedehnt werden.

Biologischer Pflanzenschutz: wie Kopfsalat (siehe S. 75). Eissalat wird aber von Schnecken und Blattläusen seltener aufgesucht. Allein die Sämlinge und Jungpflanzen sind schneckengefährdet. Zur Vermeidung von Mehltau resistente Sorten auswählen.

Römischer Salat

Lactuca sativa var. *longifolia*
Familie: Korbblütler

Wissenswertes: Der Römische Salat ist auch als Sommerendivie oder Bindesalat bekannt – und lokal als Kasseler Strünkchen. Der Anbau ähnelt weitgehend dem von Kopfsalat. Allerdings reagiert Römischer Salat weniger empfindlich auf Hitze. Um die inneren Blätter vor der Ernte zu bleichen, kann man die äußeren Blätter zusammenbinden – daher auch der Name Bindesalat. Bei neueren Sorten ist das Binden nicht nötig, weil sich die Blätter weitgehend selbst schließen.

Ansprüche: Humoser, lockerer Boden wird bevorzugt. Ein vollsonniger Standort ist unbedingt erforderlich. Hohe Temperaturen verträgt der Römische Salat ausgezeichnet.

Aussaat/Pflanzung: Bei Vorkultur unter Glas sät man im Februar oder März und pflanzt zwischen April und Mai. Im Freiland kann zwischen April und Juni gesät werden. Üblich ist die Aussaat auf einem Extrabeet, um die Sämlinge später an ihren endgültigen Platz zu pflanzen. Aber auch Direktsaat ist möglich. Der Reihen- und Pflanzabstand beträgt 30 cm. Römischer Salat wird bevorzugt als Frühgemüse angebaut, in ungünstigen Lagen mit Folienabdeckung

Düngung/Pflege: Nährstoffbedarf ähnlich Kopfsalat. Keinesfalls mit Düngergaben übertreiben! Das ergibt zwar kräftig grüne Blätter, aber der Geschmack leidet. Hacken und Wässern, mehr Pflege ist nicht nötig.

Ernte: Der Erntezeitpunkt ist gekommen, wenn die Pflanzen 35 – 40 cm hoch sind; in jedem Fall, bevor der Salat zu schossen be-

Römischer Salat oder Bindesalat.

ginnt. Allerdings ist die Schoßneigung geringer als beim Kopfsalat. Die ganze Pflanze wird abgeschnitten.

Biologischer Pflanzenschutz: wie Kopfsalat (siehe S. 75).

Schnittsalat

Lactuca sativa var. *crispa*
Familie: Korbblütler

Die Ansprüche des Schnittsalats gleichen weitgehend denen von Kopfsalat. Wegen der kurzen Kulturzeit gibt es keine Probleme beim Anbau. Schnittsalat kann als erster Salat der Saison geerntet werden. Schon ab Ende Januar darf unter Glas ausgesät werden; zum Beispiel an einem hellen Zimmerfenster. Geerntet wird direkt im Aussaatgefäß. Im Freiland kann ab März „richtig" gesät werden. Die Blätter werden frühzeitig geschnitten; am besten bei einer Länge von 10 cm. Dann ist noch eine Folgeernte möglich. Wenn die Blätter größer werden, sind sie härter.

Schnittsalat ist einer der frühesten Salate, die Anzucht auf dem Fensterbrett ist unproblematisch.

Endivie

Cichorium endiva
Familie: Korbblütler

Ansprüche: Vollsonnige Lage ist unumgänglich, denn die Endivie gehört zu den Gemüsearten, die von Natur aus bereits einen mäßig hohen Nitratgehalt aufweisen. Schatten würde den Gehalt erhöhen. An den Boden werden keine besonderen Ansprüche gestellt.

Aussaat: Üblich ist die Aussaat zwischen Mitte Juni und Mitte Juli im Freiland. Keinesfalls früher, dann besteht wegen niedriger Temperaturen Schoßgefahr. Und nicht später, weil sich sonst keine ausreichend

Wissenswertes: Angebaut wurde Endivie schon bei den Griechen und Römern. Das Bleichen entstand erst im 16. Jahrhundert in Nordeuropa. Neben den bekannten Sorten mit den typischen, krausen Blättern gibt es noch solche mit weitgehend glattem Blattrand. Sie sind zwar weniger dekorativ, im Geschmack aber genau wie Frisée-Endivie.

Endivie ist robust und verträgt leichten Frost.

Frisée-Endivie ist attraktiv und schmackhaft.

großen Köpfe bilden. Ideal ist die erste Julihälfte. Die Vorkultur mit Anzucht unter Glas im Frühjahr ist nicht unbedingt empfehlenswert, weil die Pflanzen dann zumeist schossen. Die Freilandaussaat kann zunächst in einem Extrabeet erfolgen, ehe man die Jungpflanzen an ihren endgültigen Standort setzt. Das ist von Vorteil, weil so ein leicht schattiges Plätzchen gewählt werden kann. Hier ist die Aussaat besser vor der Sommersonne und vor Austrocknung geschützt. Später ist dann ein vollsonniger Standort für ein optimales Wachstum notwendig.

Direktsaat/Pflanzung: Die 1,5 cm tiefen Saatrillen werden mit einem Reihenabstand von 30 cm gezogen. Innerhalb der Reihe verzieht man die heranwachsenden Pflanzen gleichfalls auf 30 cm Abstand. Sie dürfen nicht zu spät versetzt werden, denn ihre Pfahlwurzeln vertragen das Umpflanzen schlecht. Wenn große Köpfe gewünscht werden, kann der Abstand etwas größer gewählt werden. Läßt man die Endiviepflanzen dichter wachsen, bleiben die Köpfe etwas kleiner, aber dann bleichen die äußeren Blätter später von selbst.

Düngung: Der Nährstoffbedarf liegt etwas höher als beim Kopfsalat (siehe S. 74); übermäßige Düngung ist in jedem Fall wegen der Gefahr zu hoher Nitratgehalte zu vermeiden. Brennnesseljauche kann in Maßen verwendet werden. Steinmehl fördert das Wachstum.

Pflege: Der Boden wird bereits vor dem Anbau tiefgründig gelockert. Ausreichende Bewässerung ist Voraussetzung für den Ernteerfolg. Bis sich die Reihen schließen, muß die Bodenoberfläche mehrfach gehackt werden.

Ernte: Bei zeitiger Aussaat können Sie im günstigen Fall ab Mitte August ernten. Den entscheidenden Vorteil gegenüber anderen Salaten bietet Endivie aber erst bei späterer Ernte. Während Kopfsalat und andere bald verzehrt werden müssen, kann Endivie im Herbst noch lange auf dem Beet bleiben, ohne daß sie an Qualität einbüßt. Selbst leichte Minusgrade machen ihr nichts aus. Am robustesten sind die Sorten mit glatten Blatträndern. Sie vertragen durchaus Frost bis –5 Grad C und können noch bis in den Dezember hinein geerntet werden. Sorten mit krausen, „eingeschnittenen" Blatträndern und gebleichte Endivie ist nicht ganz so kälteresistent, übersteht aber gleichfalls leichte Fröste. Mit einer Folienabdeckung läßt sich der Erntetermin in rauhen Lagen ausdehnen. Außerdem kann man Endivie ausgezeichnet in einem kühlen Kellerraum oder einem anderen kühlen Ort lagern, wenn sie bei trockenem Wetter mit der Wurzel geerntet und in einer Kiste mit feuchtem Sand gelagert wird.

Biologischer Pflanzenschutz: Gegen Pilzkrankheiten hilft das Bestäuben mit Steinmehl. Jungpflanzen sind anfällig für Schneckenfraß und gelegentlich auch für Blattlausbefall, also sorgfältig beobachten und Vorsichtsmaßnahmen treffen (siehe S. 54). Ein spezieller Schädling ist die Wurzellaus, die bevorzugt Saft aus den Endivienwurzeln saugt. Da sie vor allem in der Nähe von Pappeln auftritt, muß ein entfernter Standort gewählt werden.

Radicchio, der typische „italienische" Salat, wird auch bei uns immer beliebter.

Die Verarbeitung von Radicchio ist wenig aufwendig.

Radicchio

Cichorium intybus var. *foliosum*
Familie: Korbblütler

Ansprüche: Obwohl Radicchio vielen Hobbygärtnern als typischer Salat der italienischen Küche zum erstenmal begegnete, ist er keineswegs auf das Mittelmeer-Klima angewiesen. Gerade die Palla-Rossa-Sorten entwickeln sich auch im Meeresklima des Nordens ausgezeichnet. Den Veroneser-Sorten bekommt dagegen durchweg das Winterklima Süddeutschlands besser.
Die Bodenansprüche sind bescheiden. Ein Beet von mäßiger Bodenqualität ist ausreichend.

Anzucht: Für eine frühe Ernte kann schon im März unter Glas gesät werden. Dann muß aber für eine Temperatur von 20, zum Keimen sogar 25 Grad C gesorgt sein. Kühle Anzucht begünstigt die Schoßgefahr.

Direktsaat: Der Aussaattermin für die gewöhnlich praktizierte Sommersaat richtet sich nach der Sorte. Radicchio des Palla-Rossa-Typs muß zwischen Mitte Juni und Mitte Juli gesät werden. Für Radicchio des Veroneser-Typs ('Roter von Verona' u.a.) währt die Aussaatperiode länger: von Ende Mai bis spätestens Anfang August.
Die Saattiefe beträgt 2 – 3 cm, der Reihenabstand 30 cm. Die Sämlinge vereinzelt man auf ebenfalls 30 cm Abstand.

Düngung: Der Nährstoffbedarf entspricht dem von Kopfsalat: ca. 30 g organischen Volldünger pro Quadratmeter Beetfläche. Bei guter Kompostversorgung weniger. Frischmist ist empfehlenswert, muß aber bereits im Herbst oder zeitigen Frühjahr ausgebracht werden, damit er gut verrotten kann.

Pflege: Hacken und Wässern, das ist auch beim Radicchio Pflicht. Viel Arbeit oder gar Probleme macht er aber nicht. Erst zum Herbstbeginn muß man aufpassen, denn bei Forst reagiert er empfindlich – je nach Sorte mehr oder weniger. Folien- oder Vliesabdeckung ist bei drohenden Minusgraden anzuraten.

Ernte: Die Sorten des beliebteren Palla-Rossa-Typs erntet man bei Sommeraussaat im Oktober, bei günstigen Bedingungen noch bis in den Dezember hinein. Sie bilden nach dem Lösen der äußeren Blätter die bekannten kleinen Köpfe, die auch recht gut lagerfähig sind. Der seltener angebaute Veroneser-Typ bleibt länger im Beet. Eine kurzfristige, dünne Laubschicht oder Strohabdeckung ist bei Kahlfrost ratsam.
Die Erntezeit liegt hier zwischen Dezember (!) und März. Frühbeet- oder Gewächshausbesitzer sind gut dran, denn der Radicchio kann unter der Glasabdeckung auch noch bei Frost und Schnee weiter gepflückt werden.

Biologischer Pflanzenschutz: Wie Endivien (siehe S. 80), aber durchweg treten keine größeren Pflanzenschädigungen durch Krankheiten oder Schädlinge auf.

Die bekannteste Zichorie, die Sorte 'Zuckerhut', mit schönen grünen Blättern.

Zichorie, Zuckerhut

Cichorium intybus var. *foliosum*
Familie: Korbblütler

Die Zichorie wird gelegentlich Fleischkraut, meistens einfach mit dem Sortennamen 'Zuckerhut' genannt. Die Bitterstoffe in den Blättern nehmen ab, wenn die Blätter vorher in lauwarmes Wasser gelegt werden. Bei später Ernte verringern sich die Bitterstoffe ebenfalls. Gesät wird direkt im Freiland; am besten im Juni. Erntezeit ist dann ab Ende September. Die Anbaubedingungen der Zichorie entsprechen denen von Radicchio.

Chicorée

Cichorium intybus var. *foliosum*
Familie: Korbblütler

Wissenswertes: Vor einem Jahrhundert fanden belgische Bauern heraus, daß die Wurzeln bei Lagerung im Winter bald Austriebe bilden, die ausgezeichnet schmekken. In Belgien und Holland ist Chicorée auch jetzt noch ein begehrtes Wintergemüse; zunehmend auch in den Nachbarländern. Als willkommener Salat mitten im Winter sind die beim Treiben herauswachsenden, weißen Blätter gerade in dieser Jahreszeit wertvolle Vitaminspender.

Ansprüche: Chicorée kann auf jedem Gartenboden angebaut werden. Allein steiniger oder verdichteter Untergrund ist ungünstig, denn die Pfahlwurzeln müssen sich gut entwickeln können. Es kommt nicht darauf an, im Herbst möglichst große Pfahlwurzeln für die Treiberei zu ernten, und deshalb ist besonders humusreiche Erde gar nicht günstig. Windgeschützte Lage ist vorteilhaft.

Aussaat: Der Zeitpunkt der Aussaat ist von entscheidender Bedeutung für den Ernteerfolg: Nur Mitte bis Ende Mai, nicht früher oder später, darf gesät werden. Vorzeitige Aussaat verursacht die Bildung von Blütentrieben; der Chicorée schoßt, die Wurzeln sind unbrauchbar. Nachzügler riskieren, daß die Wurzeln zu klein bleiben. Die Pflanzen werden im Laufe der Kultur-

Frisches Gemüse im Winter: Chicorée-Treiberei im Blumentopf.

zeit recht groß, so daß beim Säen ein Reihenabstand von 35 – 40 cm nötig ist. Saattiefe: 2 – 3 cm. Später verzieht man die Sämlinge auf einen Abstand von 15 – 20 cm. Praktiker schwören auf einen geringeren Abstand von nur 8 – 10 cm. Innerhalb der Reihe sollen die Pflanzen eng wachsen, damit sich nur eintriebige Wurzeln bilden.

Düngung: Auf humusreichen, fruchtbaren Böden ist keine Düngung nötig. Nährstoffarme Böden bekommen 40 g organischen Volldünger pro m^2 vor der Aussaat. Im Laufe der Kultur sollte nicht mehr gedüngt werden.

Pflege: Der weite Reihenabstand erlaubt regelmäßiges Hacken. Wenn sich die Reihen geschlossen haben, ist nichts mehr zu tun. Das Laub bleibt durchweg robust, aber es wird ja später ohnehin abgeschnitten. Bei trockener Witterung ist für ausreichende Bodenfeuchtigkeit zu sorgen.

Pflanzen ausgraben: Zwischen Ende Oktober und Mitte November ist die beste Zeit, um die Pflanzen aus der Erde zu holen. Den Wurzeln schadet es nichts, wenn bereits erste Fröste auftreten. Das Ausgraben gelingt am besten mit einer Grabegabel. Es läßt sich kaum vermeiden, daß dabei Wurzelspitzen abbrechen. Den Treiberfolg beeinträchtigt das nicht. Ideal sind Wurzeln („Rüben") mit einem Durchmesser von 3 – 8 cm. Kleinere und größere (!) Wurzeln nicht verwenden. Auch die mehrtriebigen werden aussortiert, oder man entfernt die Nebenwurzeln.
Damit der Saft aus den Blättern in die Wurzeln einziehen kann, läßt man die ausgegrabenen Pflanzen einige Tage lang liegen; gegen Sonne abgedeckt oder an einem schattigen, überdachten Platz an der Hauswand. Anschließend wird das Laub abgeschnitten: 3 – 5 cm über der Wurzel. Nicht kürzer, weil sonst der Vegetationspunkt, das Herz der Pflanze, beschädigt wird. Zuletzt lagert man die Wurzeln im kühlen Keller, bis sie zum Treiben angesetzt werden. Oder sie werden für eine möglichst schnelle Ernte gleich zum Antreiben wärmer aufgestellt. Eine andere Variante besteht darin, alle geernteten Wurzeln nach dem Entfernen des Laubs in Eimer zu setzen und in einem kühlen Keller zu lagern. Zum Antreiben des Chicorée werden die einzelnen Eimer dann wärmer aufgestellt. Bei größerer Stückzahl ist es empfehlenswert, die Wurzeln in Teilmengen anzutreiben. Der Erntetermin läßt sich so bis Ende Februar ausdehnen.

Antreiben: Zum Treiben eignen sich ausgediente Obstkisten oder Eimer mit Wasserabzugslöchern im Boden. Man füllt sie 10 cm hoch mit Gartenerde. Torf oder Sand sind als Ersatz weniger geeignet. Die Wurzeln werden dicht nebeneinander in die Erde gestellt. Dann füllt man weitere 3 cm Erde auf und gießt durchdringend. Zuletzt 20 cm hoch mit Erde bedecken, kräftig wässern, und dann ist die Gießkanne bis zur Ernte nicht mehr nötig. Sollte die Erde während des Antreibens doch trocken werden, dann stellt man den Eimer in einen Behälter mit Wasser, damit sich die Wurzeln vollsaugen. Von oben darf dann nicht mehr gegossen werden.
Der Vorteil neuer Züchtungen besteht darin, daß sie beim Treiben keine Deckerde mehr benötigen. Hier entfällt also die letzte, 20 cm dicke Deckschicht mit Erde. Nur auf dem Boden des Gefäßes ist zum Halten der Wurzeln Erde nötig. Die Gefäße müssen aber unbedingt vollkommen abgedunkelt werden. Entweder spannt man dunkle Folie über den Rand oder stülpt einen zweiten Eimer, ohne Wasserabzugslöcher, darüber. Eine andere, einfache Methode der Treiberei kommt bei neuen Sorten völlig ohne Erde aus. Die Wurzeln stellt man – wie gehabt – dicht nebeneinander in einen Eimer, aber füllt bis zur Hälfte der Wurzeln Wasser auf; danach abdecken. Während des Treibens muß laufend Wasser nachgefüllt werden, damit die Wurzeln nicht vertrocknen.

Chicorée antreiben.
1. Ab Ende Oktober gräbt man die Chicoréepflanzen mit der Wurzel aus der Erde.

2. Einige Tage an einem geschützten Platz im Freien, z.B. an der Hauswand, antrocknen lassen.

3. Mit einem Messer oder einer Scheere das Laub abschneiden; ca. 3 – 5 cm über dem Wurzelhals.

4. Die Wurzeln stellt man dicht nebeneinander in einen Eimer, dessen Boden mit Erde bedeckt ist. Danach Erde bis oben auffüllen.

5. Den Eimer vor Licht geschützt aufstellen. Falls die Erde trocken wird, nur von unten in den Untersetzer gießen.

6. Fünf bis sechs Wochen nach Treibbeginn können die ca. 15 cm langen Sproßtriebe von den Wurzeln abgebrochen werden.

Ernte: Die „richtige" Ernte ist schon ab fünf Wochen nach dem Aufstellen der Wurzeln möglich. Der Termin richtet sich nach der Temperatur im Treibraum. 13 – 18 Grad C ist am günstigsten, 16 Grad C ideal. Im Heizungskeller bei 20 Grad C geht's schneller als im kühlen Lagerkeller. Aber mit der Wärme sollte man es nicht übertreiben, denn sonst bildet sich nur ein lockerer Austrieb. Chicoréesorten, die keine Deckerde benötigen, sind bei 15 Grad C schon nach vier bis fünf Wochen fertig. Beim Ernten bricht man die ca. 15 cm langen Schoßtriebe von den Wurzeln. Bei kühler Lagerung sind sie noch zwei weitere Wochen haltbar.

Biologischer Pflanzenschutz: Beim Treiben macht gelegentlich Fäulnis zu schaffen. Schuld ist meistens eine zu hohe Temperatur bei zu nasser Erde.

Löwenzahn

Taraxacum officinale
Familie: Korbblütler

Wissenswertes: Wenn Sie den leicht bitteren Geschmack der zarten Blätter schätzen, lohnt der Anbau des Löwenzahns. Man kann den Bittergeschmack abschwächen, wenn der Austrieb durch eine Abdeckung vor Licht geschützt, also gebleicht wird. Löwenzahn ist reich an Mineralstoffen und Vitaminen; Bleichen senkt den Nährwert ein wenig. Die Blätter werden zumeist roh als Salat, gelegentlich auch wie Spinat warm zubereitet.
Aussaat: Gesät wird im Freiland zwischen März und Anfang Mai. Die sehr feinen Samen (im Gartenfachhandel erhältlich) können auch zunächst auf einem Extrabeet herangezogen und später an Ort und Stelle gesetzt werden. Der Reihenabstand beträgt 25 – 30 cm; innerhalb der Reihe werden die Pflänzchen dann auf 20 – 25 cm Abstand ausgedünnt bzw. gesetzt. Starkwüchsige Sorten müssen noch weiter auseinander stehen.

Ansprüche/Düngung/Pflege: Genügsamkeit zeichnet den Löwenzahn aus. Eine

Um Löwenzahnblätter zu bleichen, wird bei Austriebsbeginn lichtundurchlässige Mulchfolie darübergelegt.

Ausgefallen: Löwenzahn.

mäßige Stickstoffdüngung fördert das Blattwachstum, aber in einem mit Kompost ausreichend versorgten Boden kann darauf verzichtet werden. Ansonsten ist Hacken, Jäten und bei Bedarf Wässern angesagt.

Treiben und Ernten: Um einfach die jungen, grünen Blätter zu ernten, braucht man nur bis zum Frühjahr zu warten und rechtzeitig abzuschneiden; später werden die Blätter ungenießbar. Gebleichte Blätter erhält man, wenn die austreibenden Pflanzen bis 20 cm hoch mit Erde angehäufelt werden. Statt dessen können schon Ende Februar einzelne Pflanzen mit Eimern oder ganze Pflanzreihen mit dunkler Folie abgedeckt werden, damit der Austrieb gebleicht ist. So geht's noch etwas schneller.
Die früheste Erntemöglichkeit macht etwas mehr Arbeit: Man behandelt den Löwenzahn genau wie Chicorée, erntet ihn im Herbst, schneidet das Laub ab und bringt die Wurzeln in Eimern mit Erde zum Austreiben.

Portulak

Portulaca oleracea
Familie: Portulakgewächse

Die dicken, saftigen Blätter des Portulaks können zum Würzen, aber auch als Gemüse verwendet werden. Man bereitet sie roh wie Salat oder warm wie Spinat zu. An einem geschützten, warmen Standort kann ab Mitte Mai gesät werden; mit 20 cm Rei-

Portulak ist Gewürz, Salat und spinatähnliches Gemüse in einem.

Der Kubaspinat: ein wenig bekanntes Wintergemüse.

henabstand oder auch breitwürfig. Folgesätze sind empfehlenswert, denn von der Aussaat bis zur Ernte dauert es gerade drei Wochen.
Bei Dauernässe bleibt allerdings der Erfolg aus. Auch die Kultur am Fensterbrett oder im Gewächshaus ist möglich; ab Ende März.

Winterportulak, Kubaspinat

Montia perfoliata
Familie: Portulakgewächse

Ein wenig bekannter Wintersalat, der weniger wärmebedürftig ist als der eigentliche Portulak und ähnlich wie Feldsalat angebaut wird. Die Aussaat erfolgt bereits ab Juli, üblicherweise im August. Der Reihenabstand beträgt 20 cm, oder man sät breitwürfig. Später brauchen die heranwachsenden Pflanzen 10 – 20 cm Abstand. Im Winter ist bei Kahlfrost eine leichte Abdeckung aus Nadelholzzweigen oder Folie empfehlenswert. In milden Lagen sind den ganzen Winter lang bis zum Frühjahr mehrere Ernten möglich, denn es wachsen ständig neue Triebe und Blätter nach. Auch die weißen kleinen Blüten sind eßbar.
Ein Vorteil: Winterportulak sorgt für eine intensive Durchwurzelung des Bodens und hinterläßt eine lockere Erde für die nachfolgenden Frühjahrskulturen.

Feldsalat

Valerianella locusta
Familie: Baldriangewächse

Wissenswertes: Feldsalat, auch als Ackersalat oder Rapunzel bekannt, fällt im Salatsortiment aus dem Rahmen. Der Feldsalat ist die einzige Gemüsepflanze in der Familie der Baldriangewächse. Für den Gärtner ist der Feldsalat wichtig, weil er sich ausgezeichnet als Nachkultur anbauen läßt, denn die Hauptaussaatzeit liegt im August und September, wenn sich die Gemüsebeete nach und nach leeren. Bei Bedarf kann auch noch im zeitigen Frühjahr gesät werden.

Ansprüche: An den Boden stellt Feldsalat keine besonderen Anforderungen. Er sollte

Feldsalat, der edle Salat, der auch Frost übersteht.

Eine typische Nachfrucht mit geringem Nährstoffbedarf ist der Feldsalat.

nur ausreichend Kalk enthalten. Ein vollsonniger Standort ist für die Feldsalatkultur unbedingt nötig.

Aussaat: Zeit zum Säen ist ab Ende Juli. Was bis Mitte August gesät wird, kann noch im Herbst geerntet werden. Spätere Aussaaten sind erst zum Winter oder Frühjahr fertig. Letzter Aussaattermin ist in Gegenden mit mildem Klima Ende September. Unter Glas kann die Aussaat noch im Oktober erfolgen. Die Samenkörner können Sie breitwürfig verstreuen und so gleichzeitig für eine gleichmäßige Bodenbedeckung sorgen. Das ist sinnvoll, wenn Feldsalat auch als Gründünger genutzt werden soll; zumindest lockern die Wurzeln den Boden. Empfehlenswerter ist jedoch die Reihensaat. Wenn man mit dem „Sauzahn" oder einer Ziehhacke durch die Reihen gehen kann, läßt sich das Lockern der Erde mit dem Jäten von Unkraut verbinden und recht schnell erledigen. In diesem Fall sollte der Reihenabstand 15 – 20 cm betragen. Beim Bearbeiten der Beetfläche mit einer Handhacke und knappem Platzangebot genügen 10 cm Reihenabstand. Innerhalb der Reihe brauchen die Jungpflanzen einen Abstand von 10 – 15 cm. Aussaattiefe: 1 – 1,5 cm. Feldsalat hat die Eigenschaft, etwas ungleichmäßig zu keimen. Mit einer Folienabdeckung ist der Keimerfolg höher.

Düngung: Der Feldsalat nimmt mit dem vorlieb, was seine Vorgänger im Beet an Nährstoffen zurücklassen. Kompost genügt vollauf. Nur im Ausnahmefall ist eine (schwache) Düngung, beispielsweise mit Hornspänen, vor der Aussaat nötig. Ein Übermaß an Nährstoffen würde zwar schöne, dunkelgrüne Blätter wachsen lassen, aber mit der Düngermenge steigt auch der Nitratgehalt, der beim Feldsalat von Natur aus hoch ist. Mangelnde Lichtintensität, beim Winteranbau die Regel, läßt den Nitratgehalt zusätzlich ansteigen.

Pflege: Die späte Aussaat hat den Vorteil, daß weniger Unkraut keimt als im Frühjahr und Sommer. Hacken ist aber immer noch nötig. Bei Aussaat noch im Sommer muß vor allem in der Anfangszeit auf ausreichende Bodenfeuchtigkeit geachtet werden. Aber auch später ist bei Bedarf zu wässern, denn Trockenperioden lassen die Pflanzen vorzeitig aufblühen.

Anbau unter Glas: Gern wird ein Gewächshaus in den Wintermonaten für den Anbau von Feldsalat genutzt. Eine Heizung ist nicht erforderlich. Die Kultur gelingt am besten bei recht kühler Temperatur und vor allem viel Frischluft. „Treibhausklima" verträgt Feldsalat nicht lange. Ab 18 Grad C Innentemperatur muß gelüftet werden; besser früher. Der Winteranbau im Glashaus oder Frühbeet bietet den Vorteil, daß den ganzen Herbst und Winter durchgehend geerntet werden kann. Mit fortschreitender Jahreszeit sollte nur morgens gewässert werden, damit die Blätter bis zum Abend abtrocknen. Für guten Lichteinfall müssen alle Glasflächen sauber sein. Wenn bei Dauerfrost der Boden im Gewächshaus gefroren ist und die Innentemperatur durch Sonneneinstrahlung stark ansteigt, kann Feldsalat vertrocknen, weil die Wurzeln in der gefrorenen Erde kein Wasser erhalten. Durch Abdecken mit Folie oder Vlies verhindert man das Vertrocknen.

Ernte: Bei frühester Aussaat können die ersten Blättchen schon ab Ende August geerntet werden. Meistens ist ein etwas späterer Erntebeginn erwünscht. Für Ernten im Spätherbst ist eine Folienabdeckung sinnvoll, wobei allerdings auch die Lichtintensität eingeschränkt wird. In der Praxis hat sich gezeigt, daß die Blätter unter der Folienabdeckung zarter werden. Mit einem scharfen Messer werden zunächst nur die äußeren Blätter abgeschnitten. Auf diese Art sind weitere Ernten möglich; im günstigen Fall den ganzen Winter lang. Da die Stiele einen höheren Nitratgehalt aufweisen, sollten nur die Blätter geschnitten oder gepflückt werden. Mit beginnender Blütenbildung kommen die Pflanzen auf den Kompost.

Biologischer Pflanzenschutz: Unter Glas tritt gelegentlich Grauschimmel auf; fast immer ist mangelnde Lüftung schuld. Im Freiland ist diese Pilzkrankheit nur bei anhaltend naßkaltem Wetter eine Gefahr. Anschließende Trockenheit erledigt das Problem. Befallene Blätter werden entfernt, der Boden gelockert.

Weitere Blattgemüse und Stielgemüse

Spinat

Spinacia oleracea
Familie: Gänsefußgewächse

Wissenswertes: Gefragt ist Spinat vor allem als Frühgemüse, aber auch die Aussaat im Frühherbst für die Ernte im Herbst und teilweise sogar im Winter ist möglich. Beim Saatgutkauf ist auf die unterschiedliche Aussaatzeit der einzelnen Sorten zu achten. Neue Sorten speziell für den Sommeranbau werden Ende Mai gesät und sind schon ab Ende Juni erntereif.

Ansprüche: Jeder Boden und jedes Klima ist für den Spinatanbau geeignet. Etwas windgeschützte Lage ist von Vorteil. Herbstaussaaten sind in Gegenden mit mildem Winterklima sicherer. In ungünstigen Lagen wird Spinat auch gern unter Glas ausgesät. Hier sind kühle Temperaturen gefragt; also reichlich lüften – spätestens ab 18 Grad C Innentemperatur.

Spinat, hier mit Erbsen in Mischkultur.

Aussaat: Gesät wird in Reihen mit 20 cm Abstand; möglichst nicht weniger, damit leichter zwischen den Reihen gehackt werden kann. Die Samen legt man in 2 cm tiefe Rillen. Da sich die Pflänzchen nicht versetzen lassen, legt man die Samenkörner dicht an dicht mit 1 cm Abstand aus. Beim Spinat hängt der Keimerfolg besonders von einer „innigen" Bodenverbindung ab. Die Saat sollte deshalb unbedingt festgeklopft oder angetreten werden. Sorgfältig vorbereiteter Boden, fein gekrümelt, verbessert den Keimerfolg. Unter einer Folienabdeckung kann bereits ab Ende Februar gesät werden, ansonsten von Anfang März bis Mitte April. Für eine Ernte im Spätjahr sät man dann noch einmal zwischen Anfang August und Anfang September.
Bei Herbstaussaat kann Spinat auch breitwürfig gesät werden. Wegen seiner bodenlockernden Wirkung und der schützenden Pflanzendecke läßt er sich auch ausgezeichnet als Gründünger verwenden.

Düngung: Im Nährstoffbedarf liegt der Spinat zwischen Schwach- und Mittelzehrern. Für eine gute Blattentwicklung sind mäßige Stickstoffgaben angebracht; Hornspäne beispielsweise. In humusreichem, gut mit Kompost versorgtem Boden sollte auf zusätzliche Düngung verzichtet werden. Ähnlich wie bei den meisten Salaten führt übermäßige Düngung beim Spinat zur erhöhten Nitratbildung; erst recht in der lichtarmen Jahreszeit. Beim Anbau unter Glas spielt das Nitratproblem eine noch gewichtigere Rolle, denn hier mindert die Verglasung zusätzlich die Lichtintensität. Also lieber zu wenig als zuviel düngen. Stallmist ist zum Düngen von Spinat nur auf dem Umweg über den Kompost geeignet.

Pflege: Ein gleichmäßig feucht gehaltener Boden trägt zur besseren Ernte bei, denn in trockener Erde fängt Spinat bald zu blühen an und ist dann unbrauchbar. Vor allem zum Erntebeginn ist für ausreichende Feuchtigkeit zu sorgen. Noch stärker sind die Sommersorten durch Trockenheit gefährdet. Während der kurzen Kulturzeit ist nur zweimal Hacken nötig.

Ernte: Bei der Ernte werden die Blätter möglichst ohne Stiele oder mit nur einem kleinen Rest abgeschnitten oder gepflückt, denn die Stiele enthalten mehr Nitrat als die Blätter. Läßt man die Mitte der Pflanze unverletzt, dann gibt es von Märzaussaaten noch eine zweite Ernte. Im April gesäter Spinat kann nur einmal geerntet werden. Die Spinatwurzeln läßt man mit den Stielresten möglichst in der Erde. Sie lockern und lüften den Boden und verrotten später von selbst.

Biologischer Pflanzenschutz: Falscher Mehltau, früher häufig ein Problem beim Spinatanbau, läßt sich durch Auswahl resistenter Sorten weitgehend vermeiden. Ausreichendes Lüften verhindert unter Glas das Entstehen von Mehltau.

Neuseeländer Spinat

Tetragonia tetragonioides
Familie: Eiskrautgewächse

Ansprüche: Guter, humusreicher Boden muß es sein, damit die hohen Ansprüche des Neuseeländer Spinats erfüllt werden. Vollsonnige, geschützte Lage verbessert die Wachstumsbedingungen.

Aussaat/Pflanzung: Anzucht ab Mitte März unter Glas bei wenigstens 20 Grad C Keimtemperatur. Am besten sät man jeweils drei Körner direkt in Töpfe und läßt die kräftigste Pflanze heranwachsen. Das Vorquellen der Samen in Wasser über Nacht verbessert das häufig schlechte Keimergebnis. Auspflanzen nach Mitte Mai im Abstand von 80 × 80 cm. Für den Familienbedarf genügen fünf Pflanzen vollauf.

Der Neuseeländer Spinat schmeckt wie Spinat, gehört aber zu einer anderen Pflanzenfamilie.

Düngung: Neuseeländer Spinat braucht deutlich mehr Dünger als gewöhnlicher Spinat und darf nicht zu knapp mit Nährstoffen versorgt werden. Eine Nachdüngung ist ratsam, denn die Pflanze ist sozusagen ein Spätentwickler und wächst anfangs nur langsam.

Pflege: Vor allem in den ersten Wochen nach dem Setzen der Pflanzen muß häufig gehackt werden. Wässern nach Bedarf. Damit sich die Pflanzen früh verzweigen, sollte man ihnen als Jungpflanzen im Topf die Triebspitzen kappen.

Ernte: Ab Anfang Juli können die ersten Blättchen gepflückt werden; je jünger, desto besser ist ihr Geschmack. Die Triebspitze läßt man weiterwachsen. Wenn das Beet später mit Folie oder Vlies abgedeckt wird, kann noch bis in den November hinein geerntet werden.

Biologischer Pflanzenschutz: für Neuseeländer Spinat nicht erforderlich.

Mangold

Beta vulgaris var. *vulgaris*
Familie: Gänsefußgewächse

Wissenswertes: Angeboten werden zwei Typen: Beim Schnittmangold werden die Blätter wie Spinat zubereitet. Vom Stielmangold, der größere Blätter mit breiter Rippe aufweist, können die Blattstiele und -rippen wie Spargel gekocht werden.

Ansprüche: Ein erfreulich robustes Gewächs, das überall gut zurechtkommt. Etwas Windschutz ist günstig. Am besten wächst Mangold in humushaltigem Boden, auf dem schon im Herbst Kompost verteilt wurde.

Aussaat: Die Aussaat im Freiland erfolgt bereits im März oder April. Für eine zweite Ernte kann im Juli und August noch einmal gesät werden. Stielmangold braucht 35 cm Reihenabstand und 30 cm Abstand zur nächsten Pflanze, um sich entfalten zu können. Für den kleineren Schnittmangold genügen 20 – 25 cm in der Reihe und knapp 20 cm Abstand untereinander. Die groben Samen bilden, ähnlich wie die von Roter Bete, Knäuel, die 2 – 3 cm tief in die Erde gelegt werden.

Düngung: Der Nährstoffbedarf ist etwas geringer als bei Starkzehrern. Am besten versorgt man das Beet schon im Herbst mit organischem Dünger. Bei regelmäßigen Kompostgaben sind Hornspäne ausreichend.

Pflege: Zu dicht wachsende Jungpflanzen dürfen nicht zu spät versetzt werden. Erfreulicherweise ist die Neigung zum vorzeitigen Schossen geringer als beim Spinat. Hacken ist Pflicht; rechtzeitiges Wässern bei Trockenheit ebenfalls, denn die Entwicklung von kräftigem Laub setzt gleichmäßige Bodenfeuchtigkeit voraus. Die ersten

Die Blattstiele und Blattrippen von Stielmangold können wie Spargel zubereitet werden.

Blattmangold, robust und unkompliziert, war früher so beliebt und bekannt wie heute Spinat.

Rotstieliger Mangold: dekorativ in jedem Gartenbeet und schmackhaft in jedem Kochtopf.

Herbstfröste stellen keine Gefahr dar; vor allem der Schnittmangold ist recht frostbeständig.

Ernte: Geschnitten werden die jungen Blätter, sobald sie 10 – 15 cm Länge erreicht haben; ältere Blätter bekommen einen bitteren Geschmack. Den ganzen Sommer lang können fortlaufend die äußeren Blätter genommen werden. Von der Aussaat bis zur ersten Ernte dauert es zwei Monate. Stielmangold ist nach knapp drei Monaten erntefertig. Auch hier sind Folgeernten möglich, wenn jeweils nur die äußeren Blätter abgeschnitten werden.
Von Sommeraussaaten kann man den Erntetermin verlängern, wenn mit Folie abgedeckt wird. Sie können in milden Lagen sogar unter einer leichten Laubdecke überwintert werden und bieten dann weitere Ernten. Mangold ist von Natur aus zweijährig und bildet im Sommer des zweiten Anbaujahres Blüten.

Biologischer Pflanzenschutz: nicht nötig. Mehltau ist zumeist eine Folge von zu engen Pflanzenabständen.

Stangensellerie

Apium graveolens var. *dulce*
Familie: Doldenblütler

Wissenswertes: Die Pflanze, auch als Bleichsellerie bekannt, bildet lange Blattstiele, die roh oder gedünstet verzehrt werden. Stangensellerie ist reich an Mineralstoffen und Vitaminen.
Beim Anbau selbstbleichender Sorten genügt es, sie recht dicht wachsen zu lassen, so daß sie sich gegenseitig bleichen.

Ansprüche: Humusreicher, tief gelockerter Boden bringt bestes Wachstum. Erforderlich ist ein ausreichender Kalkgehalt (pH-Wert 7).

Aussaat: Die Pflanzen können vorgezogen oder im Freiland gesät werden. Zu empfehlen ist, ähnlich wie beim Knollensellerie, warme Anzucht unter Glas Ende März/Anfang April. Die Samen sollte man über Nacht in Wasser vorquellen lassen, damit sie besser keimen. Einmaliges Pikieren in größere Gefäße ergibt kräftige Jungpflanzen.

Bleich- oder Stangensellerie.

Pflanzung: Erst in der zweiten Maihälfte dürfen die frostempfindlichen Pflanzen nach draußen. Bei selbstbleichenden Sorten ist eine versetzte Pflanzung im Abstand von höchstens 30 cm üblich. Bei den gewöhnlichen Sorten, also den nicht selbstbleichenden, zieht man in einem Abstand von 40 cm Furchen, etwa 20 – 25 cm tief, und setzt die Jungpflanzen hinein.

Düngung: wie die von Knollensellerie (siehe S. 125).

Pflege: Die Kulturmaßnahmen sind die gleichen wie beim Knollensellerie: mehrfach hacken, wässern bei Bedarf. Zum Bleichen der normalen Sorten füllt man den Rand der Furche mit zunehmendem Pflanzenwachstum nach und nach mit Erde auf. Eine andere Methode besteht darin, die Pflanzen zum Bleichen einzeln mit dunkler Folie oder einfach mit Papier, am besten Zeitungspapier, zu umwickeln.

Ernte: Ab September kann nach Bedarf geschnitten werden. Bei Gefahr von Nachtfrösten ist eine Folien- oder Vliesabdeckung nötig.

Biologischer Pflanzenschutz: Beim Setzen der Jungpflanzen eventuell Abwehrmaßnahmen gegen Schnecken (siehe dazu auch S. 58) ergreifen. Wenn sich das Blattinnere braun verfärbt, ist häufig zu starke Düngung schuld.

Knollenfenchel

Foeniculum vulgare var. *azoricum*
Familie: Doldenblütler

Ansprüche: Als typisches Mittelmeergemüse liebt Fenchel Wärme, kommt aber auch in weniger bevorzugten Klimagebieten recht gut. Milde Herbsttemperaturen begünstigen das Wachstum. Der Platz im Beet sollte möglichst geschützt liegen. Bevorzugt wird leicht kalkhaltiger Boden von ausreichendem Humusgehalt; keinesfalls Torf verwenden. Sandböden sind vorteilhafter als Lehmböden.

Aussaat: Während früher nur Sommeraussaat möglich war, weil Knollenfenchel als Langtagspflanze zum Schossen neigt, können neue, schoßfeste Sorten schon im April gesät und entsprechend früher geerntet werden. Sie müssen allerdings unter einer Folienabdeckung geschützt oder, besser noch, unter Glas zunächst warm vorgezogen werden. Je zwei bis drei Samen in einen Topf legen, den kräftigsten Sämling heranwachsen lassen und im Juni pflanzen.

Damit Knollenfenchel so schön hell bleibt, sollte er angehäufelt werden.

Günstig sind Recyclingtöpfe, denn sie brauchen beim Auspflanzen nicht entfernt zu werden. Knollenfenchel muß vorsichtig umgesetzt werden, weil Wachstumsstockungen die Schoßneigung verstärken.
Für andere Sorten gilt die Saatzeit im Sommer: von Ende Juni bis Mitte Juli. Der Reihenabstand beträgt 40 cm; in der Reihe wird auf 25 cm Abstand verzogen.

Düngung: Geben Sie nicht zuviel Dünger. Knollenfenchel ist eher bescheiden in seinen Nährstoffansprüchen. Eine geringe Menge organischer Dünger vor der Pflanzung genügt; in humusreichem Boden muß meistens gar nicht zusätzlich gedüngt werden.

Pflege: Zwischen den Pflanzreihen wird im Laufe der Kultur mehrfach gehackt. Mit zunehmendem Wachstum sollten die sich bildenden Knollen leicht angehäufelt werden, um schöne weiße Knollen zu erhalten. Bei ausbleibendem Niederschlag wässern: auch noch im Herbst.

Ernte: Frühsorten brauchen von der Pflanzung bis zur Ernte knapp drei Monate. Sommer-Aussaaten können bis in den November hinein geerntet werden. Leichte Fröste werden vertragen, aber sicherer ist eine Folienabdeckung. Zum Einlagern Wurzeln nicht abschneiden und das Laub nur einkürzen.

Biologischer Pflanzenschutz: ist nicht erforderlich. Anfangs auf Blattlausbefall achten.

Kohl

Wissenswertes: Im Garten werden vom Weiß- und Rotkohl sowie vom Blumenkohl vor allem frühe Sorten angebaut. Zunehmend ist Brokkoli gefragt. Auch Chinakohl findet immer mehr Freunde, während die Beliebheit von Wirsingkohl abnimmt. Ohne Konkurrenz sind Rosenkohl und der im Norden beliebte Grünkohl, denn sie sind mitten im Winter erntereif. Kohlrabi fällt ein wenig aus dem Rahmen, weil hier die Knolle verzehrt wird.

Alle Kohlgewächse benötigen einen höheren pH-Wert (7,0), deshalb ist eine Kalkung zur Pflanzung sinnvoll.

Allgemeine Kulturhinweise: Mit Ausnahme von Kohlrabi, der geringere Ansprüche als die „richtigen" Kohlarten hat, benötigt Kohl durchweg einen sehr humusreichen, lehmigen Boden und reichliche Düngung. Ein Hoch- oder Hügelbeet ist sehr gut geeignet. Auch in der Pflege stellen die meisten Kohlgewächse hohe Anforderungen. Schädlinge, allen voran die Raupen des Kohlweißlings, lassen sich am sichersten durch sehr frühzeitige Aussaat oder Abdecken mit feinmaschigen Insektennetzen abwehren. Gegen die Kohlhernie, eine unangenehme Pilzerkrankung, hilft Kalken und ein ausgedehnter Fruchtwechsel mit mehreren Jahren Anbauabstand auf denselben Beeten. Durch anfängliche Mißerfolge gerade beim Kohlanbau sollte man sich nicht entmutigen lassen. Sorgfältige Pflege dankt Kohl mit einer prima Ernte.

Weißkohl

Brassica oleracea
var. *capitata*
Familie: Kreuzblütler

Sorgsam gepflegt, wächst ein Weißkohl gesund und groß heran.

Der Spitzkohl: wie der Name schon sagt, eine Variante des Weißkohls.

Wissenswertes: Im Hausgarten können frühe Kohlsorten für den Verzehr im Sommer, spätere Sorten zum Einlagern oder Einlegen angebaut werden. Eine kleinere Variante des Weißkohls ist der Spitzkohl, der allerdings weniger verbreitet ist. Er benötigt weniger Fläche, wächst auch in leichten, sandigen Böden und ist zudem noch früher erntereif als Weißkohl.

Ansprüche: Ideal ist ein gleichmäßig feuchter Boden, „mittelschwer", also möglichst lehmig, und auch ausreichend humushaltig. Wichtig ist ein nicht zu geringer Kalkgehalt (pH-Wert 7). Und natürlich muß der Boden immer ausreichend feucht sein.

Anzucht/Aussaat: Frühe Kohlsorten können im Gewächshaus bereits ab Ende Januar, am Fensterbrett ab Mitte Februar ausgesät werden. Mittelfrühe Sorten zieht man im März unter Glas heran – beispielsweise im Frühbeet. Für späte Ernten sät man zunächst auf einem Anzuchtbeet im Freiland, um das Hauptbeet für Vorkulturen frei zu haben. Direktsaat am endgültigen Standort ist möglich, aber die Vorkultur ist günstiger, weil die Fläche nicht so lange blockiert wird.
Für die Anzucht unter Glas ist eine Keimtemperatur von 10 – 15 Grad C nötig. Danach darf es etwas kühler sein. Es genügt, die Sämlinge einmal zu pikieren; am besten gleich in Einzeltöpfe oder Topfplatten.

Pflanzung: Die unter Glas herangezogenen Jungpflanzen dürfen im März oder April, je nach Witterung und Lage, gesetzt werden. Folienabdeckung ist zunächst empfehlenswert. Der Reihenabstand beträgt 40 cm; in der Reihe wird mit 40 – 50 cm Abstand gepflanzt. Mittelfrühe und späte Sorten brauchen mehr Platz: bis 60 × 60 cm.
Der Flächenbedarf ist enorm, so daß zumeist nur für wenige Köpfe Platz ist. Aber setzen Sie die Jungpflanzen keinesfalls zu eng, das macht den Kohl später anfälliger. In das Pflanzloch wird ein wenig Kalk gestreut, falls nicht im Winter schon gekalkt wurde; Kalk nie gleichzeitig mit Stickstoffdünger verwenden! Die Pflanzen setzt man recht tief in die Erde, damit sie später sicher stehen.

Düngung: Als Starkzehrer brauchen alle Kopfkohlarten reichlich „Futter". Verwenden Sie organischen Dünger, das wirkt sich positiv auf den Geschmack aus. Auch kompostierter tierischer Mist, getrockneter Rinderdung beispielsweise, eignet sich. Die Düngung sollte möglichst schon im Herbst erfolgen. Im Frühjahr kann dann noch einmal Kompost verteilt werden. Auch im Laufe der Kultur sind weitere Kompostgaben willkommen. Der hohe Nährstoffbedarf wird auf diese Weise in besonders ausgeglichener Form erfüllt. Hornspäne oder Brennesseljauche sind für die späten Sorten

als Zusatzdüngung im Frühsommer geeignet; außerdem zur Bodenverbesserung jederzeit Steinmehl.
Die frühen Sorten bekommen grundsätzlich etwas weniger Dünger als späte. Wenn von ihnen große Köpfe gewünscht werden, kann im Frühjahr ein wenig organisch-mineralischer Dünger verabreicht werden. Bei kühler Witterung dauert es zu lange, ehe die Wirkung von organischem Dünger einsetzt. Überdüngung muß allerdings auch beim Kohl vermieden werden.

Pflege: Wässern Sie bei ausbleibendem Niederschlag ausgiebig, denn die große Blattmasse braucht bei Wärme laufend Wassernachschub. Hacken ist selbstverständlich. Damit die Bodenfeuchtigkeit erhalten bleibt, ist gerade zwischen den Kohlreihen Mulchen besonders zu empfehlen.

Ernte: Ende Juni sind die Köpfe der frühen Sorten fertig zum Ernten. Sie sollten danach fortlaufend abgeschnitten werden, damit sie nicht platzen. Die übrigen Sorten bleiben dagegen im Herbst möglichst lange auf dem Beet. Bei drohendem Frost rechtzeitig ernten oder mit Folie abdecken. Späte Sorten von Weiß- und Rotkohl können ausgezeichnet gelagert werden; bis drei Monate lang.

Biologischer Pflanzenschutz: Kohlhernie läßt sich bei sorgfältigem Anbau vermeiden. Man erkennt den Befall spätestens beim Herausziehen der Pflanze an klumpigen Verdickungen des Wurzelhalses. Falls beim Anbau Kohlhernie auftritt, müssen die befallenen Pflanzen in den Mülleimer geworfen werden. Der auslösende Schleimpilz hält sich viele Jahre im Boden und darf daher nicht über Boden oder Kompost übertragen werden. Nach dem Auftreten dieser Krankheit darf sechs Jahre lang kein Kohlgewächs auf demselben Beet angebaut werden. Vorbeugend ist auch bei gesunder Ernte darauf zu achten, daß auf der Anbaufläche erst nach vier Jahren wieder Kohl eingeplant wird. Erdflöhe machen gelegentlich Probleme; unbedingt Boden feucht halten. Mehlige Kohlblattläuse können mit Wasser kräftig abgespült oder mit Steinmehl bestäubt werden. Auch Raupenfraß läßt sich mit Steinmehl erfolgreich eindämmen. In größeren Beständen kann bei Befall das *Bacillus-thuringiensis*-Präparat verwendet werden. Aber meistens reicht schon das Absammeln der Raupen.

Rotkohl

Brassica oleracea var. *capitata*
Familie: Kreuzblütler

Abgesehen von der roten Blattfarbe, weist Rotkohl keine wesentlichen Unterschiede zum Weißkohl auf. Frühe Sorten werden bevorzugt. Sie wachsen auch auf relativ leichten Böden und können bereits geerntet werden, ehe sie voll ausgewachsen sind. Das ergibt einen köstlichen Rohkostsalat schon im Juni. Aber Rotkohl kann auch für eine späte Ernte und zum Einlagern angebaut werden. Generell ist die Kulturdauer ein wenig kürzer als beim Weißkohl; von der Pflanzung bis zur Ernte gut drei Monate. Ansonsten sind die Anbaubedingungen nahezu identisch mit denen von Weißkohl.

Mischkultur: Rotkohl und Dill.

Wirsing

Brassica oleracea var. *sabauda*
Familie: Kreuzblütler

Wissenswertes: Wirsing hat erst im 18. Jahrhundert Einzug in die Gärten gefunden. Im Anbau gleicht er weitgehend seinen Verwandten Weiß- und Rotkohl. Er ist jedoch robuster und verträgt auch einige Minusgrade. Spezielle Sorten, sogenannter Adventswirsing, können sogar überwintern und sind im Mai erntereif.

Ansprüche: wie Weißkohl (siehe S. 94)

Anzucht/Aussaat: wie Weißkohl. Zusätzlich kann für den Winteranbau im August gesät werden.

Düngung/Pflege: wie Weißkohl.

Ernte: Im Mai ist der Winter- oder Adventswirsing reif zum Ernten. Frühe Aussaaten können ab Mitte Juni geerntet werden. Späte Sorten dürfen noch bis in den November hinein auf dem Beet bleiben. Neuzüchtungen überstehen sogar Fröste bis -15 Grad C. Bei milder Witterung läßt man Wirsing möglichst lange in der Erde, denn die Lagerfähigkeit ist, anders als bei den anderen Kopfkohlarten, nicht allzu groß.

Wirsingkohl ist robust, aber nicht lange lagerfähig.

Der sogenannte Adventswirsing überwintert im Garten.

Biologischer Pflanzenschutz: wie Weißkohl. Blattläuse bevorzugen die Jungpflanzen; mit Wasser abspülen oder mit Steinmehl bestäuben. Gegen Erdraupen Farnkraut zwischen den Reihen auslegen oder mit *Bacillus-thuringiensis*-Präparat spritzen.

Blumenkohl

Brassica oleracea convar. *botrytis* var. *botrytis*
Familie: Kreuzblütler

Wissenswertes: Die Kultur ist nicht ganz leicht, und selten gelingt es, ähnlich schöne, reinweiße Köpfe wie im Laden heranzuziehen. In Deutschland zählt Blumenkohl zu den beliebtesten Gemüsearten.
Noch selten sind Sorten mit grünen Köpfen; ihr Vitamingehalt liegt höher als bei weißen Köpfen. Abwechslung bieten Sorten mit violetten oder gelben Köpfen; sie werden allerdings nicht gerade riesig.

Ansprüche: wie Weißkohl (siehe S. 94). Der Sommeranbau gelingt in kühleren Regionen besser.

Aussaat: Säen Sie so früh wie möglich; im Gewächshaus ab Ende Januar, am Fenster ab Mitte Februar. Keimtemperatur: bei 12 – 15 Grad C, danach geht's ein wenig kühler. Wachstumsstockungen sind zu vermeiden, denn sie können vorzeitiges Blühen auslösen. Für den Sommeranbau kann die Aussaat von Ende März bis Mitte Mai direkt im Beet erfolgen. Günstiger ist hier gleichfalls die Vorkultur der Jungpflanzen unter Glas – im Frühbeet zum Beispiel – oder zumindest die Aussaat unter Folie auf einem Extrabeet, um für gleichbleiben-

Damit Blumenkohl weiß bleibt, müssen die Blütenknospen abgedeckt werden; hier mit einem abgeknickten Kohlblatt.

Gelbe und grüne Formen des Blumenkohls haben einen höheren Vitamingehalt als die üblichen weißköpfigen Sorten. Obwohl Blumenkohl eine der beliebtesten Gemüsearten ist, ist der Anbau im Garten selten, da die Kultur nicht ganz einfach ist.

de Bedingungen zu sorgen. Für den Herbstanbau sät man zwischen Ende Mai und Ende Juni. Spezielle Blumenkohlsorten können in Gegenden mit Weinbauklima im August gesät und überwintert werden. Wegen der sehr unterschiedlichen Aussaatzeiten sind die Angaben auf den Saattüten genau zu beachten.

Pflanzung: ähnlich Weißkohl. Die Jungpflanzen sollen nicht zu groß sein, wenn sie Anfang April ins Beet gesetzt werden. Abstand bei frühen Sorten 50 × 50 cm, bei Herbstsorten bis zu 70 × 70 cm.

Düngung: wie Weißkohl.

Pflege: Hacken, vor allem aber immer ausreichend wässern.Mulchen ist unbedingt zu empfehlen. Damit die Köpfe schön weiß bleiben, schützt man sie vor den UV-Strahlen der Sonne, indem zwei bis drei Blätter umgeknickt und über den Kopf gelegt werden. Man kann sie auch mit einem Gummiring zusammenbinden.

Ernte: Frühe Sorten sind ab Mitte Juli erntereif. Bei hohen Temperaturen darf Blumenkohl nicht zu lange auf dem Beet bleiben. Der beste Zeitpunkt ist gekommen, wenn der Kopf am Rand etwas lockerer wird.

Biologischer Pflanzenschutz: wie Weißkohl. Auf Insektenbefall ist besonders zu achten; vorbeugend mit Schutznetzen abdecken.

Brokkoli

Brassica oleracea convar. *botrytis* var. *italica*
Familie: Kreuzblütler

Ansprüche: Ähnlich hoch wie Weiß- und Blumenkohl: Humusreicher, mit Kalk versorgter Boden und gleichmäßige Bodenfeuchtigkeit sind Voraussetzung für erfolgreichen Anbau. Sommerhitze wird gut vertragen, allerdings muß dann sehr schnell geerntet werden, weil die Knospen rasch aufblühen.

Aussaat: Vorkultur ist empfehlenswert. Für frühe Ernten sät man ab Ende Januar unter Glas aus. Aber auch im Februar, März ist noch Zeit. Die Jungpflanzen kommen dann im April oder Mai ins Beet. Die Sämlinge

Brokkoli ist wegen seines feinen Geschmacks beliebt.

Es lohnt sich, auch die kleinen Seitenknospen zu ernten.

werden direkt in Einzeltöpfchen pikiert. Um im Herbst Brokkoli ernten zu können, sät man zwischen April und Mitte Juni auf einem Saatbeet aus.

Direktsaat: Späte Brokkolisorten können direkt an Ort und Stelle gesät werden. Das bringt sogar einen Erntevorsprung und einen etwas höheren Ertrag, hält aber das Beet länger besetzt und erfordert mehr Pflegearbeiten. Jeweils drei Körner werden im Abstand von 40 cm ausgelegt, den kräftigsten Sämling läßt man jeweils wachsen.

Pflanzung: Ab Ende März dürfen die Jungpflanzen gesetzt werden; leichte Fröste schaden nicht. Wie beim Kohl üblich, wird möglichst tief gepflanzt. Der Reihen- und Pflanzabstand beträgt 40 × 40 cm; bei späten Sorten etwas mehr. Später als Mitte Juli sollte nicht mehr gepflanzt werden. Nicht vergessen: ins Pflanzloch Kalk streuen, um Kohlhernie zu vermeiden.

Düngung: wie Weißkohl, aber etwas geringerer Nährstoffbedarf.

Pflege: wie Weißkohl (siehe S. 95).

Ernte: Bei günstigen Bedingungen sind die Blütenknospen Anfang Juni fertig zum Ernten. Man schneidet sie jeweils mit einem fingerlangen Stielstück ab. Bei Hitze muß man sehr aufpassen, um nicht den richtigen Erntezeitpunkt zu verpassen. Viel schneller als beim Blumenkohl öffnen sich die gelben Blütenknospen, und vorbei ist's mit dem Verzehr. Die meisten Sorten bilden nach der Ernte mehrere, kleinere Seitensprosse, die laufend geschnitten werden können. Das ergibt bis in den November hinein einige Nachernten, denn leichten Frösten widersteht Brokkoli. Bei nur geringer Seitensproßbildung holt man die Pflanzen allerdings besser aus der Erde und nutzt das Beet für eine Nachkultur.

Biologischer Pflanzenschutz: wie Weißkohl (siehe S. 95)

Grünkohl

Brassica oleracea var. *sabellica*
Familie: Kreuzblütler

Wissenswertes: Grünkohl ist eine der Wildform ähnlichste und wahrscheinlich die älteste Kohlart. Er bereitet von allen Kohlarten die geringsten Anbauprobleme, und er kann sogar im Winter geerntet werden. Unterschieden wird zwischen Sorten für die Herbst- und Winterernte. Neuere Sorten sind allerdings durchweg gut winterfest.

Ansprüche: Erheblich geringer als bei anderen Kohlarten. Grünkohl wächst nahezu auf jedem Grund, wenn der nur ausreichend feucht ist. Sandiger Boden braucht allerdings reichlich Kompost, sonst gibt es früh gelbe Blätter. Sogar ein Standort im Halbschatten kann noch für Grünkohl genutzt werden. Kalk ist für einen höheren pH-Wert des Bodens wie bei allen Kohlarten nötig.

Grünkohl ist eine gesunde Spezialität in der kühlen Jahreszeit.

Aussaat: Gesät wird zwischen Anfang Mai und Mitte Juni, am besten auf einem Saatbeet, um die Anbaufläche noch für anderes Gemüse zu nutzen. Saattiefe: 1 cm. Die herangezogenen Jungpflanzen sollten bis Mitte Juli gesetzt werden. Für die Winterernte darf man auch noch etwas später pflanzen. Der Abstand beträgt zwischen den Reihen und in der Reihe 45 cm.

Düngung: ähnlich Weißkohl (siehe S. 94), allerdings mit geringeren Nährstoffmengen.

Pflege: Mehrfaches Hacken ist selbstverständlich. Gewässert wird bei Bedarf, aber unbedingt rechtzeitig.

Ernte: Am besten schmeckt Grünkohl, wenn er vor der Ernte Frost bekommen hat. Minusgrade schmälern allerdings den Vitamingehalt ein wenig. Die Frosthärte ist sortenabhängig. Sorten für die Herbsternte nicht zu lange auf dem Beet lassen. Winterfeste Sorten können mehrfach – von unten nach oben – geerntet werden. Aus den verbliebenen Strünkchen wachsen im Frühjahr Sprosse, die noch einmal eine kleine Ernte ergeben.

Biologischer Pflanzenschutz: Wie Weißkohl (siehe S. 95), aber Grünkohl wird selten befallen. Kohlweißlinge treten am ehesten auf.

Rosenkohl

Brassica oleracea var. *gemmifera*
Familie: Kreuzblütler

Wissenswertes: Die Röschen des Rosenkohls ergeben ein hervorragendes Gemüse für den Herbst, noch mehr aber für den Winter. Die meisten Sorten sind frostbeständig, so daß das vitamin- und mineralstoffreiche Gemüse bis März geerntet werden kann.

Ansprüche: wie Weißkohl. Auf Sandböden Sorten mit gedrungenem Wuchs.

Aussaat/Pflanzung: Gesät wird zwischen Ende März und Anfang Mai; entweder im Frühbeet oder auf einem Freiland-Saatbeet mit Folienabdeckung. Empfohlen wird die Aussaat unter Glas. Je drei Samen legt man in 8-cm-Töpfe. Temperatur: 12 – 16 Grad C. Zeit zum Auspflanzen ist von Mai bis Mitte Juni. Der Abstand beträgt 60 × 50 cm.

Die Rosenkohlpflanze kann bis zu einem Meter hoch wachsen.

Rosenkohl ist frostbeständig, deshalb ist die Ernte bis in den Winter hinein möglich.

Düngung: Die Nährstoffversorgung entspricht der von Weißkohl. Wird allerdings zu stark gedüngt, ergibt das später lockere Röschen, die nicht zur Ernte taugen. Wenn die unteren Blätter nach längerem Regen vorzeitig gelb werden, kann Stickstoffmangel vorliegen; etwas Hornmehl streuen. Bei reichlichen Kompostgaben ist keine Nachdüngung nötig.

Pflege: Hacken und natürlich Wässern muß sein. Eine Mulchdecke begünstigt das Wachstum. Gewöhnlich wird die Spitze der Pflanze im September gekappt, damit ihre Kraft allein in die Röschenbildung gelenkt wird. Die Frosthärte leidet darunter ein wenig. Bei manchen neuen Sorten ist das Entspitzen nicht nötig.

Ernte: Je nach Sorte ab Anfang Oktober. Ähnlich wie beim Grünkohl trägt Frosteinwirkung zur Geschmacksverbesserung bei. Da nicht alle Röschen gleichzeitig erntereif sind, wird mehrfach durchgepflückt. Rosenkohl läßt sich einfrieren und auch gut lagern. Durchgefrorene Röschen müssen nach dem Auftauen sofort zubereitet werden, da sie nicht haltbar sind.

Biologischer Pflanzenschutz: wie Weißkohl. Kohlfliege verursacht gelegentlich Madenfraß in den Röschen; ein Insektenschutznetz verhindert die Eiablage.

Chinakohl

Brassica pekinensis
Familie: Kreuzblütler

Ansprüche: Chinakohl kann in allen Klimabereichen angebaut werden. Ausreichender Kalkgehalt ist ebenso wichtig wie gleichbleibende Bodenfeuchtigkeit. Nötig sind Kompostgaben, dagegen darf Torf nicht verwendet werden, denn saure Erde begünstigt das Auftreten von Kohlhernie.

Aussaat: Frühestens Ende Juni darf gesät werden, denn Chinakohl ist eine typische Langtagpflanze. Bei einem früheren Termin besteht Schoßgefahr. Nur bei warmer Vorkultur kann die Anzucht schon früher beginnen, dann muß in der Folge für eine gleichbleibende Temperatur um 20 Grad C gesorgt werden. Üblich ist die Aussaat zwischen Mitte Juli und spätestens Anfang August direkt im Beet. Saattiefe 2 cm, Reihenabstand 40 cm. Innerhalb der Reihe werden die Sämlinge später auf 40 cm verzogen.

Düngung: Im Nährstoffbedarf besteht ein erheblicher Unterschied zu den anderen Kohlverwandten. Er entspricht eher dem von Kopfsalat, ist also recht gering. Der Boden sollte schon vor der Aussaat organischen Dünger erhalten. Eventuell kann eine geringe Nachdüngung erforderlich sein.

Pflege: Während der kurzen Kulturdauer gibt's nur wenig Arbeit: Hacken, Unkraut jäten – fertig. Trockenheit ist unbedingt zu vermeiden. Wenn die Pflanzen erst einmal schlapp herabhängen, kann man sie zwar

Der Chinakohl hat eine Kulturzeit von der Pflanzung bis zur Ernte von nur zwei Monaten.

Pak Choi: ein Exot im Gemüsebeet.

Bremer Scherkohl ist eine seltene Kohlart.

Butterkohl ist mit dem Wirsing verwandt.

retten, aber der Geschmack wird dadurch erheblich beeinträchtigt. Schon in der Anfangsphase der Kultur muß stets ausreichend gewässert werden.

Ernte: Bei günstiger Witterung kann ab Ende September geerntet werden. Die letzten Pflanzen sind Ende November erntefertig. Sie überstehen ohne Probleme auch leichte Fröste. In kühlen Räumen oder im Keller kann Chinakohl bis zwei Monate lang gelagert werden.

Biologischer Pflanzenschutz: Die Pflanzen sind recht anfällig für Kohlhernie. Unbedingt Fruchtwechsel einhalten und frühestens nach vier Jahren auf derselben Fläche wieder Kohlgewächse anbauen. Vorbeugend Kalk ins Pflanzloch streuen.

Schnittkohl, Bremer Scherkohl

Die Pflanzen treiben ähnlich wie Spinat aus, und die zarten Blätter können auch wie Spinat zubereitet werden. Ein hervorragendes, frostbeständiges und besonders frühes Gemüse, das von März bis August in Folgesätzen gesät werden kann.

Pak Choi

Brassica rapa var. *chinensis*
Familie: Kreuzblütler

Im Aussehen und in der Kultur ähnelt das Gemüse aus Asien, manchmal auch Chinesischer Senfkohl genannt oder Pak Choy geschrieben, dem Chinakohl. Die Köpfe sind nicht geschlossen. Auffällig sind die dicken, weißen Stengel, die im jungen Stadium mitgeerntet werden. Die kalorienarmen Blätter werden gedünstet und ähnlich Wirsing oder Blattspinat zubereitet. Aussaat und Kultur wie Chinakohl.

Butterkohl

Der Butterkohl, eng verwandt mit Wirsing, ist wenig bekannt. Sofern man Saatgut bekommt, kann der Anbau im Garten empfohlen werden. Er bildet kleine, lockere Köpfe mit gekräuselten Blättern. Verwendung wie Wirsing, aber im Geschmack ist Butterkohl feiner. Gesät wird im Frühsommer auf einem Saatbeet, geerntet wird im Herbst. Wegen Gefahr von Kohlherniebefall Boden ausreichend mit Kalk versorgen und Fruchtwechsel beachten.

Blauer oder besser lila Kohlrabi, eine sehenswerte Variante.

Kohlrabi ist ein begehrtes Frühgemüse und auch roh ein Genuß.

Kohlrabi

Brassica oleracea convar. *acephala*
var. *gongylodes*
Familie: Kreuzblütler

Wissenswertes: Angeboten werden weiße und blaue Sorten; tatsächlich sind die Knollen grünlichweiß, grün oder lila. Eine Besonderheit stellen Sorten wie 'Superschmelz' dar, die außergewöhnlich groß und schwer werden, aber dennoch zart bleiben. Ihre Kulturdauer ist natürlich erheblich länger als die anderer Sorten; geerntet wird erst im Herbst.

Ansprüche: Boden und Klima spielen für den Erfolg keine entscheidende Rolle. In ungünstigen Lagen gelingen frühe Ernten allerdings besser unter Glas; zumindest unter Folie. Humusreicher, auch leichter Boden bietet gute Voraussetzungen. Ein ausreichender Kalkgehalt (pH-Wert 7) ist für gesunde Ernten wichtig.

Anzucht/Aussaat: Mitte Februar ist ein günstiger Zeitpunkt für die Anzucht von Jungpflanzen fürs Freiland. Letzter Aussaattermin ist Mitte Juli für die Ernte im Herbst. Um früh ernten zu können, ist stets Vorkultur nötig, die allerdings kaum Probleme bereitet. Für die Keimung sind 18 – 20 Grad C erforderlich; danach geht's etwas kühler, aber nicht unter 12 Grad C. Direktsaat im Freiland mit späterem Vereinzeln ist ab Mitte April möglich, wird aber wenig praktiziert; Saattiefe 1 cm.

Pflanzung: Die Jungpflanzen müssen möglichst hoch in die Erde gesetzt werden. Das ist unbedingt nötig, weil sie sonst keine gute Knollenbildung zeigen. Kalk ins Pflanzloch streuen, falls nicht im Winter gekalkt wurde. Der Abstand beträgt 30 × 25 cm. Spätere Sorten setzt man etwas weiter auseinander. Riesensorten brauchen noch mehr Platz: 60 × 60 cm.
Bei einem frühen Pflanztermin ab Ende März ist das Abdecken mit Folie empfehlenswert. Sicherer ist die Aprilmitte als Pflanztermin. Zwar vertragen die Pflanzen auch leichte Minusgrade, aber bei kühlen Temperaturen stockt das Wachstum, und die Neigung zum Schossen nimmt zu.

Düngung: Kohlrabi benötigt keine großen Düngermengen. Er zählt zu den Mittelzehrern. Neben der Grundversorgung mit Kompost sollte das Beet möglichst schon im Herbst Dünger erhalten, zum Beispiel verrotteten oder getrockneten Tiermist. Falls nötig, kann nach dem Anwachsen der Jungpflanzen ein wenig nachgedüngt werden; auch Brennesseljauche eignet sich dafür.

Anbau unter Glas: Im Gewächshaus oder Frühbeet kann noch etwas enger gepflanzt werden: 25 × 20 cm Abstand genügen. Ideal ist eine Temperatur um 18 Grad C, es geht aber auch etwas kühler. Bei über 20 Grad C unbedingt lüften. Die Anzucht erfolgt Ende Januar in Saatschalen. Vier bis sechs Wochen nach dem Pikieren wird ins Grundbeet gepflanzt. Früher Kohlrabi kann im Gewächshaus oder Frühbeet gut zusammen mit Kopfsalat angebaut werden; Ernte ab April.

Pflege: Gleichmäßige Bodenfeuchtigkeit ist besonders wichtig, um geplatzte oder holzig schmeckende Knollen zu vermeiden. Zügiges Wachstum ohne Schwankungen ist die beste Voraussetzung für gutes Knollenwachstum.

Ernte: Lassen Sie sich nicht dazu verleiten, die Knollen allzu riesig werden zu lassen. Den besten und zartesten Geschmack weisen Knollen bei einem Durchmesser von nur 6 cm auf. Allerdings besteht bei neueren Sorten nicht mehr so sehr die Gefahr, daß sie mit zunehmendem Wachstum holzig werden. Riesen-Kohlrabisorten, die besonders lange auf dem Beet bleiben, zeigen sich erstaunlich zart.

Biologischer Pflanzenschutz: ähnlich Weißkohl. Die Pflanzen sind etwas anfällig für Kohlhernie, deshalb unbedingt weiten Fruchtwechsel mit anderen Kohlarten beachten. Kohlfliegen treten nur gelegentlich auf; Abdecken mit Schutznetzen verhindert die Eiablage. Frühe Aussaat schützt ebenfalls vor Kohlfliegen, gleichzeitig auch vor Kohlweißlingen. Schnecken können besonders in der Jungpflanzenphase Fraßschäden anrichten.

Fruchtgemüse

Gurken

Cucumis sativus
Familie: Kürbisgewächse

Wissenswertes: Man unterscheidet zwischen Freiland- und Salatgurken. Im Freiland werden Sorten mit auf dem Boden liegenden Trieben angebaut; sie können aber ebenso an Rankgerüsten hochwachsen. Die Früchte von Freilandgurken verwendet man vorzugsweise zum Einlegen. Aber zahlreiche Sorten sind vielfältig in der Verwen-

Salatgurken werden im Gewächshaus an einer unter dem Glasdach befestigten Schnur kultiviert.

Freilandgurken können am Spalier gezogen werden. Das verbessert den Ertrag und die Qualität der Früchte.

dung. Man kann sie auch als Salatgurken zubereiten.
Gewächshausgurken sind immer Salatgurken, wenngleich sie grundsätzlich auch eingelegt werden können. Sie werden grundsätzlich im Gewächshaus angebaut, weil sie nur bei ausreichender Wärme den erhofften Ertrag bringen.
Bei der Saatgutauswahl ist auf den Unterschied von Freiland- und Unterglasanbau zu achten. Manchmal werden Salatgurken-Sorten für den Anbau speziell im Frühbeet angeboten („Kastengurken"). Schließlich gibt es noch Schälgurken, die man im Freiland anbaut und nach der Ernte dünsten oder als Senfgurken einlegen kann.

Ansprüche: Ein geschützter, natürlich vollsonniger Standort ist für Freilandgurken unbedingt erforderlich. Günstig ist ein Platz neben einer Hecke oder im Windschutz von Zuckermais oder Sonnenblumen. Das Aufleiten an einem Spalier verbessert Ertrag und Qualität der Früchte. Auch im Glashaus spielt der Standort eine Rolle. Man setzt die Gurkenpflanzen möglichst so, daß sie von anderen hohen Pflanzen, Tomaten beispielsweise, ein wenig beschattet werden.
Wenn das Gewächshaus mit Blankglas abgedeckt ist, muß in südlicheren Regionen eine Schattiermöglichkeit gegen pralle Mittagssonne vorhanden sein.
Gurken sind besonders auf gute Bodenverhältnisse angewiesen. Vor allem muß für reichliche und häufige Kompostzufuhr gesorgt sein. Ein lockerer, gut durchlüfteter Boden schafft beste Bedingungen, damit sich die Wurzeln genügend ausbreiten können. Im Gewächshaus ist großzügige Kompostversorgung noch aus einem anderen Grund wichtig, weil dadurch eine mögliche Bodenversalzung durch Mineraldünger verhindert wird.

Aussaat: Freilandgurken zieht man gewöhnlich unter Glas vor. Gesät wird ab Ende April – nicht früher – in Einzeltöpfe.
Eine hohe Keimtemperatur, wenigstens 20 Grad C, führt zum schnellen Erfolg. Auch danach nicht zu kühl halten. Die Sämlinge zeigen in kurzer Zeit zügiges Wachstum und haben sich bis zum Pflanztermin Mitte Mai bestens entwickelt. Anstelle der Vorkultur kann auch direkt an Ort und Stelle gesät werden. Man legt dann zwei bis drei Samenkörner mit jeweils 30 cm Abstand aus. Frühester Aussaattermin im Freiland ist der 10. Mai. Die Sämlinge keimen zwar erst nach den Eisheiligen, aber falls es danach noch einmal kühl wird, ist eine Folien- oder Vliesabdeckung für die Jungpflanzen günstiger.
Salatgurken fürs Gewächshaus zieht man ebenfalls bei ausreichender Wärme in Einzeltöpfen heran. In einem beheizten Gewächshaus kann schon Ende März gesät werden. Eine frühere Aussaat ist nur im Warmhaus oder auf der Fensterbank bei ausreichenden Lichtverhältnissen ratsam.

Durch die schwarze Folie sind die Gurken vor Unkraut geschützt und der Boden erwärmt.

Pflanzung: Im Freilandbeet brauchen die Pflanzen viel Platz. Man setzt sie mit einem Pflanzabstand von ca. 20 cm, wobei die Reihen einen Abstand von 100 – 120 cm aufweisen. Der Platzbedarf jeder Pflanze beträgt etwa einen Quadratmeter; es spielt dabei keine entscheidende Rolle, wie die Triebe auf dem Boden geleitet werden. Wenn die Gurken an Kletterhilfen hochwachsen sollen, kann der Reihenabstand etwas geringer gewählt werden. Man muß nur später gut an die Pflanzen herankommen, weil sie regelmäßiger Pflege bedürfen.

Im Gewächshaus wird in jedem Fall enger gepflanzt, denn hier wachsen die Gurken an Schnüren in die Höhe, die unter dem Dach befestigt werden. Der Reihenabstand beträgt ca. 80 cm bei 60 cm Abstand in der Reihe. An den Schnüren knüpft man Schlaufen, durch die der Spitzentrieb geführt wird. Die Jungpflanzen müssen vorsichtig behandelt werden, weil die hohlen Stengel leicht brechen.

Häufig wird empfohlen, sie auf ca. 30 cm breite Dämme oder Wälle zu pflanzen. In der Praxis genügt es aber, die Gurken mehrfach ein wenig anzuhäufeln, um die Bildung von Seitenwurzeln zu unterstützen.

Jeder Seitentrieb wird hinter dem ersten Fruchtansatz gekappt bzw. abgeschnitten.

Düngung: Gurken weisen einen recht hohen Nährstoffbedarf auf; sie sind zwischen Mittel- und Starkzehrern einzuordnen. Als Grunddüngung vor dem Einpflanzen sollte organischer Dünger verwendet werden. Abgelagerter Stallmist eignet sich bestens. Mit beginnender Fruchtbildung sind zwei Folgedüngungen nötig.

Im Gewächshaus muß mehrfach nachgedüngt werden. Hier ist die Verwendung von organisch-mineralischen Düngern für die laufende Versorgung der Pflanze sinnvoll. Die Salatgurken wachsen gerade im Juni und Juli in einem bemerkenswerten Tempo. Wenn die Pflanzen in dieser Zeit nicht genügend Nährstoffe erhalten, werden die Fruchtansätze sofort gelb und fallen ab.

Pflege: Der Wasserbedarf ist beachtlich; vor allem beim Unterglasanbau. Gießen Sie nach Möglichkeit stets mit leicht erwärmtem Wasser, das vermeidet später bittere Früchte. Besonders wichtig ist bei der Gurkenkultur eine gleichmäßige Bodenfeuchtigkeit, sonst gibt's ebenfalls bittere Früchte. Im Gewächshaus ist eine Tröpfchenbewässerung vorteilhaft. Beim Hacken nicht die flachen Wurzeln verletzen! Gelegentlich noch etwas Erde anhäufeln.

Schnitt: Freilandgurken werden in der Regel nach dem fünften oder sechsten Blatt gekappt, um die Bildung von Seitentrieben anzuregen. Man kann den Schnitt aber auch unterlassen.

Gewächshausgurken wachsen kraftvoll – und ergeben ohne Eingriffe einen rechten Dschungel ohne viele Früchte. Man muß deshalb alle Seitentriebe konsequent und laufend – alle zwei Tage – kappen. Jeder Seitentrieb wird hinter dem ersten Fruchtansatz abgeschnitten bzw. gekappt. Bis zu einer Höhe von 80 cm läßt man gar keine Früchte heranwachsen, weil sie ohnehin auf dem Boden aufliegen würden. Der Spitzentrieb darf wachsen, bis er das Dach erreicht; dann wird er ebenfalls gekappt, oder man

Gurken veredeln.

1. Zunächst sät man Gurken aus, eine Woche später, wenn das Gurkenpflänzchen mit den Keimblättern zu sehen ist, kommt je ein Kürbiskern in denselben Topf. Die Keimtemperatur sollte nicht unter 22 Grad C liegen. Am ´besten ist ein Platz am Fenster.

2. Nach ca. drei Wochen schneidet man mit einem scharfen Messer beim Kürbis dicht unter den Keimblättern schräg von oben nach unten ca. 1 cm bis zur Stengelmitte. Bei der Gurke verfährt man ebenso, allerdings erfolgt der Schnitt von unten nach oben. Vorsicht, die Stengel brechen sehr leicht.

3. Die Zungen werden ineinandergesteckt, die Verbindungsstelle mit Tesafilm umwickelt. Danach am besten mit Folie abdecken. Nach zwei bis drei Wochen sind die Pflanzen zusammengewachsen. Dann entfernt man den Kopf der Kürbispflanze und ein paar Tage später die Wurzel der Gurkenpflanze.

leitet ihn zunächst noch ein Stück unter dem Dach entlang.

Veredeln: Wenn Gewächshausgurken aus Platzmangel stets an derselben Stelle angebaut werden, zeigen sich die Pflanzen nach zwei, drei Jahren anfälliger. Ursache sind Bodenpilze. Um robuste Pflanzen zu erhalten, kann man Gurken auf Feigenkürbissen veredeln; sie werden nicht von dem Pilz befallen. Im Saathandel wird der Feigenblattkürbis speziell zum Veredeln von Gurken angeboten.
Zunächst sät man Gurken in Töpfchen aus, eine Woche später kommt in denselben Topf je ein Kürbiskern; Keimtemperatur nicht unter 22 Grad C. Nach ca. drei Wochen schneidet man beim Kürbis mit einem sehr scharfen Messer schräg von oben nach unten ca. 1 cm bis zur Stengelmitte. Der Schnitt erfolgt dicht unter den Keimblättern. Ebenso verfährt man bei der Gurke, aber von unten nach oben. Biegt man die Stengel ein wenig zur Seite, dann können die entstehenden Zungen ineinandergesteckt werden. Dann umwickelt man die Schnittstellen vorsichtig mit Tesafilm. Das Abdecken der „Doppelpflanze" mit Folie erhöht die Luftfeuchtigkeit. Zwei bis drei Wochen später sind die Pflanzen zusammengewachsen. Der Kopf der Kürbispflanze wird abgetrennt, ein paar Tage später die Wurzel der Gurkenpflanze.

Ernte: Die ersten Gurken sind im Freiland bei günstigen Bedingungen im Juli erntereif. Man sollte sie alle drei Tage durchernten, denn sie werden sonst schnell zu groß. Schälgurken erntet man dagegen erst nach dem Ausreifen. Unter Glas zeigt sich der Erntevorsprung, den das Treibhausklima ermöglicht. Schon im Mai sind die ersten Gurken erntereif. Danach geht es Schlag auf Schlag. Lassen Sie die Früchte nicht zu groß werden. Häufiges Ernten führt zu reger Fruchtbildung.

Biologischer Pflanzenschutz: Es gibt Sorten, die gegen Krankheiten wie Gurkenkrätze, Echten Mehltau und Viren resistent sind. Sie sind außerdem frei von Bitterstoffen. Im Gewächshaus tritt häufig die Weiße Fliege auf; bei ersten Anzeichen Gelbtafeln aufhängen. In der Jungpflanzenphase kann Schneckenfraß Probleme verursachen. Anzucht in Töpfen ist sicherer.

Riesenkürbis

Cucurbita maxima
Familie: Kürbisgewächse

Ansprüche: Die schwergewichtigen Früchte des Riesenkürbisses werden manchmal nur zum Spaß zu Rekordgrößen herangezogen.
Um ihnen die nötigen Nährstoffe zu bieten, setzt man sie bevorzugt auf die Kompostmiete. Das bringt zwar enormes Wachstum, raubt aber dem Kompost unnötig Nährstoffe. Weitaus besser ist die Pflanzung unmittelbar neben der Kompostmiete. Die Wurzeln profitieren von den Sickersäften des verrottenden Abfallmaterials, ohne daß die Kompost-Qualität abnimmt. Mit zunehmendem Wuchs bietet die Pflanze mit ihren großen Blättern eine willkommene Beschattung der Kompostmiete.
Der Standort neben dem Komposthaufen setzt allerdings voraus, daß die Pflanze ausreichend Sonne erhält; Halbschatten wird gerade noch vertragen. Der Kürbis braucht viel Wärme, deshalb also ein möglichst sonniges und auch geschütztes Plätzchen. Wenn er im Beet wachsen soll, ist ein humusreicher, mit viel Kompost angereicherter Boden am günstigsten.

Aussaat: Ähnlich Gurken: Direkt in Töpfe säen, bei mindestens 20 Grad C keimen und wachsen sie rasch. Um besonders kräftige Jungpflanzen zu erhalten, drückt man drei Samenkörner in den nur zur Hälfte mit Erde gefüllten Topf. Nur den stärksten Sämling läßt man wachsen und füllt dann bis zum Topfrand Erde auf. Vor Mitte April sollte nicht gesät werden. Direktsaat ab 10. Mai ist möglich, aber dann ist eine Folienabdeckung ratsam.

Pflanzung: Bevor die Jungpflanzen gesetzt werden, müssen sie langsam an die Freilandbedingungen gewöhnt werden. Gerade in dieser Phase sind sie recht kälteempfindlich. Ende Mai kann gepflanzt werden. Der Platzbedarf ist beträchtlich: Setzen Sie mit einem Abstand von 100 × 150 cm; möglichst nicht weniger.

Düngung: Bei einer Pflanzung unmittelbar neben dem Komposthaufen erübrigt sich eine zusätzliche Düngung. Ansonsten entspricht der Nährstoffbedarf dem der Gurken. Stallmist im Herbst schafft eine gute Grundlage. Vor dem Auspflanzen und spä-

Kürbispflanzen haben einen hohen Nährstoffbedarf, deshalb ist ein sonniger Platz neben dem Kompost ideal.

ter noch zweimal während der Kultur wird organischer Dünger gegeben, um die Bildung großer Früchte zu unterstützen. Auch Pflanzenjauche, z.B. aus Brennesseln, ergibt einen ausgezeichneten Dünger.

Pflege: Klar, daß der Wasserbedarf angesichts der Blattmasse und erst recht mit beginnender Fruchtbildung beachtlich ist. Gleichmäßige Bodenfeuchtigkeit ist immer am besten. Die Notwendigkeit des Hackens, anfangs noch ausgeprägt, erledigt sich bald, wenn die Blätter den Boden bedecken. Gelegentlich wird empfohlen, die Triebe bei 60 – 70 cm Länge zu kappen; das muß man aber nicht. Wenn aber besonders große Früchte gewünscht werden, läßt man nur drei bis vier pro Pflanze wachsen und schneidet die Triebspitzen ab.

Ernte: Um möglichst große, voll ausgereifte Kürbisse zu erhalten, läßt man die Pflanzen so lange wie möglich auf dem Beet. Erst wenn die Blätter bereits dem ersten Nachtfrost zum Opfer gefallen sind, ist die Ernte fällig. Ausgereifte Früchte sind nicht so frostempfindlich. Man kann sie noch einige Wochen kühl lagern oder aber einfrieren.

Biologischer Pflanzenschutz: nicht nötig. Bei anhaltend feuchter Witterung kann Mehltau entstehen; befallene Blätter entfernen.

Zucchini

Cucurbita pepo
Familie: Kürbisgewächse

Ansprüche: Die Wärmeansprüche sind geringfügig höher als die von Kürbissen, liegen aber deutlich unter denen von Gurken. Deshalb gelingt auch der Anbau in nahezu jedem Klima; vollsonnige und etwas windgeschützte Lage vorausgesetzt. Allein ein kühler, nasser Sommer kann den Ertrag deutlich mindern. Nur in extremen Lagen ist Unterglasanbau sinnvoll.

Aussaat: wie Kürbisse (siehe S. 107).

Eine Zucchinipflanze in voller Größe benötigt viel Platz (90 × 90 cm).

Dekorativ und wohlschmeckend: Die gelbe Zucchinisorte 'Gold Rush'.

Pflanzung: Der Platzbedarf von Zucchini wird anfangs häufig unterschätzt. Jede Pflanze sollte 1 – 2 m^2 für sich bekommen. Das muß sein, denn die Blätter entwickeln beachtliche Ausmaße. Für den Bedarf einer Familie wird man selten mehr als drei Pflanzen setzen. Abstand 90 × 90 cm.

Düngung: Stallmistgaben im Herbst schaffen für den Zucchini-Anbau gute Voraussetzungen. Vor dem Auspflanzen organischen Dünger streuen und im Laufe der Kultur bei reichlicher Fruchtbildung drei Nachdüngungen folgen lassen.

Pflege: Wässern bei Bedarf, vor allem auf gleichmäßige Bodenfeuchtigkeit achten. Bei feuchter Witterung müssen die heranreifenden Früchte mit Stroh, Holzwolle oder einfach mit Pappe unterlegt werden, damit sie nicht faulen. Eine Mulchdecke ist ratsam, aber nicht direkt unter den Früchten. Mit zunehmendem Wachstum bilden die Pflanzen einen kurzen Stamm. Wenn der Platz knapp wird, kann man ihn mit einem Stützstab hochbinden.

Ernte: Die Zeiten, als man mit riesigen Zucchini-Keulen Gärtnerstolz zeigen konnte, sind vorbei. Klein, 15 – 25 cm lang, sollten sie geerntet werden. Der Geschmack ist deutlich besser, und außerdem wird so der Wuchs weiterer Früchte angeregt.

Biologischer Pflanzenschutz: Anfangs auf Schnecken achten. Mehltau tritt nur bei anhaltend feuchter Witterung auf; befallene Blätter abschneiden.

Patissons, Squash

Cucurbita pepo convar. *patissonia*
Familie: Kürbisgewächse

Diese reizvolle Art wird auch Scallopini oder Patissonkürbis genannt. Die „Fliegenden

Diese besonderen Früchte aus der Kürbisfamilie werden auch „Fliegende Untertassen" oder „Ufos" genannt.

Untertassen", kleinen Ufos ähnliche, flachrunde Kürbisse, gehören auch dazu. Anbau wie Zucchini. Die Pflanzen neigen stark zum Verzweigen und werden dann zu dicht; durch Entfernen mehrerer Triebspitzen läßt sich die Fruchtausbildung verstärken. Man erntet die Patissons jung, dann wachsen laufend neue nach. Anbau wie Kürbisse.

Rondinis, Ölkürbis

Cucurbita pepo var. *oleifera*
Familie: Kürbisgewächse

Neben Zucchini und Patissons zählen Rondinis (siehe S. 110) zu den Gartenkürbissen. Die Anbaubedingungen sind daher identisch. Die Früchte erreichen die Größe von Zuckermelonen. Das Fruchtfleisch kann ähnlich wie Zucchini verwendet werden.

Der Ölkürbis wird, anders als der Name vermuten läßt, ähnlich wie Zucchini zubereitet.

Kalebassenkürbis

Lagenaria siceraria
Familie: Kürbisgewächse

Höchst ungewöhnlich sind die flaschenförmigen Früchte dieser Pflanze, die nach dem Ausreifen getrocknet werden können. Der Anbau entspricht dem von Melonen oder Gurken; üblicherweise im warmen Gewächshaus. Die Kürbistriebe werden an Schnüren bis ans Gewächshausdach hochgeleitet (siehe Foto rechts).

Herkuleskeule

Lagenaria leucantha longissima
Familie: Kürbisgewächse

Mit dem Anbau dieser Kletterpflanze können Sie angeben: Bis zu zwei Metern Länge erreichen die gurkenartigen Früchte. Jung können sie wie Zucchini zubereitet werden; voll ausgereift läßt man sie trocknen und verwendet sie zum Basteln.

Kalebassenkürbisse werden üblicherweise im Gewächshaus angebaut.

Die Herkuleskeule: die Früchte können bis zu zwei Metern Länge erreichen.

Tomaten

Lycopersicon lycopersicum
Familie: Nachtschattengewächse

Wissenswertes: Beachtlich ist die Sortenvielfalt der Tomaten: Fleischtomaten, kleinfrüchtige Kirsch- oder Cocktailtomaten – teilweise mit traubenartigem Wuchs –, Safttomaten zum Kochen und natürlich normale runde. Daneben gibt es noch gelbfrüchtige Sorten, die einen milderen Geschmack aufweisen. Für die Haltung in Pflanzgefäßen oder sogar in Balkonkästen gibt es kleinwüchsige Balkontomaten.

Ansprüche: Wegen des hohen Wärmebedarfs und vor allem, um die Pflanzen vor Regen zu schützen, werden Tomaten gern im Gewächshaus angebaut. In ungünstigen Klimalagen ist das Voraussetzung, um eine sichere Ernte einzufahren.
Im Freiland ist der wärmste und sonnigste Platz des Gartens nötig, um die Früchte heranreifen zu lassen. Das muß nicht unbedingt im Gemüsebeet sein. Ideal ist ein

Solch ein luftiger Schutz ist für Tomaten sehr vorteilhaft, weil Regen abgehalten wird.

Standort unmittelbar vor einer nach Süden gelegenen, möglichst hell gestrichenen Hauswand. Die Pflanzen sollen dabei durch den Dachvorsprung vor zuviel Niederschlag geschützt werden.
Unter Glas ist gleichfalls volle Sonne nötig, unbeschattet von anderen hohen Pflanzen. Anstelle eines Glashauses kann ebenso ein Foliengewächshaus gewählt werden. Sogar ein einfaches Folienzelt als Regenschutz genügt.
Gern werden Tomaten zusammen mit Gurken im selben Glashaus angebaut. Obgleich sie unterschiedliche Ansprüche aufweisen, geht das durchaus. Man muß dann unbedingt für ausreichende Lüftung sorgen. Gurken, die ansonsten eher feuchte Wärme bevorzugen, können das vertragen. Umgekehrt würden Tomaten schnell mit Pilzkrankheiten befallen werden, wenn die Luftfeuchtigkeit zu hoch ist.

Aussaat: Gesät wird in Schalen mit Anzuchterde. Die Keimtemperatur beträgt 20 bis 25 Grad C. Die groben Samenkörner lassen sich sogar von ungeübterer Hand leicht aussäen. Man kann auch direkt ins Töpfchen säen – je drei Samen auslegen und den kräftigsten Sämling heranwachsen lassen. Für die Pflanzung unter Glas kann schon ab Januar gesät werden. Wird zusätzlich eine Ernte sehr spät im Jahr gewünscht, dann zieht man im Juni noch einmal ein paar Pflanzen heran. Sind die Tomaten fürs Freiland vorgesehen, sät man ab Mitte März. Später als Mitte April lohnt nicht mehr. Vier Wochen nach der Aussaat können die Sämlinge bereits aus den Saatschalen in Einzeltöpfe gesetzt werden.

Pflanzung: Zu frühes Auspflanzen im Freiland kann Wachstumsstörungen verursachen. Man wartet deshalb besser bis Ende Mai. Bei jedem Umtopfen und erst recht

Die Sortenvielfalt von Tomaten ist groß; hier Ketchup-Tomaten.

Prächtige Tomaten im Freiland, hier steht eine reiche Ernte kurz bevor.

Die kleinfrüchtigen Cocktailtomaten sind besonders attraktiv.

Sämtliche Geiztriebe in den Triebachsen müssen herausgebrochen werden.

Von den Tomaten entfernt man alle zwischen den Blattachsen wachsende Geiztriebe und die auf dem Boden aufliegenden Blätter; ab Mitte August auch die danach noch heranwachsenden Fruchtstände.

beim endgültigen Einsetzen ins Beet wird die Tomatenpflanze jeweils ein Stück tiefer in die Erde gesetzt. Sie bildet dann zusätzliche Seitenwurzeln und kann so mehr Wasser und Nährstoffe aufnehmen. Der Abstand im Beet beträgt ca. 60 × 60 cm, für kleinwüchsige Tomaten etwas weniger. Schon vor dem Einpflanzen wird ein kräftiger, mindestens 2 m hoher Stützstab in die Erde eingegraben. Besonders praktisch sind Spiralstäbe, denn hier müssen die Pflanzen nicht eigens angebunden werden. Im Gewächshaus läßt man die Tomatenpflanzen an Schnüren mit Schlaufen hochwachsen.

Düngung: Tomaten brauchen reichlich Nährstoffe. Der Boden wird am besten schon im Spätherbst großzügig mit organischem Dünger, auch verrottetem oder getrocknetem Stallmist, versorgt. Steinmehl wirkt bodenverbessernd. Vor der Pflanzung erfolgt eine Grunddüngung. Im Freiland sind dann ein bis zwei Nachdüngungen nötig. Unter Glas wachsen mehr Früchte heran, so daß zwei bis drei Nachdüngungen erforderlich sind.

Pflege: Das „Ausgeizen" zählt zu den wichtigsten Pflegemaßnahmen. Sämtliche aus den Blattachseln herauswachsenden Geiztriebe müssen möglichst immer gleich entfernt werden.Im August können von Freilandtomaten die Triebspitzen gekappt werden, damit die noch heranwachsenden Früchte ausreifen können. Besser entfernt man jedoch nur die danach noch wachsenden Fruchtstände und schont das Laub. Später wachsende Fruchtstände würden ohnehin nicht mehr ausreifen. Mehr als fünf bis sechs Fruchtstände läßt man gewöhnlich nicht heranwachsen. Im Gewächshaus können zwei bis drei Fruchtstände mehr reifen – bis das Dach erreicht ist. Dann wird hier die Spitze gekappt.
Im Gewächshaus kommt es darauf an, mit beginnender Blütenbildung reichlich zu lüften; vor allem an sonnigen Tagen in der Mit-

tagszeit. Dann gibt es mit der Befruchtung keine Probleme. Wenn das nicht möglich ist, sollten die Blütenstände vorsichtig gerüttelt werden, damit die Bestäubung klappt.
Ausreichendes Wässern ist natürlich selbstverständlich. Mit beginnender Fruchtbildung steigt der Wasserbedarf noch mehr. Gleichmäßige Bodenfeuchtigkeit verhindert geplatzte Früchte. Blätter in Bodennähe werden entfernt, ebenso im Laufe der Kultur von unten nach oben vergilbende Blätter. Das abgeschnittene gesunde Laub und die Geiztriebe läßt man als Mulchmaterial auf dem Boden liegen.

Ernte: Im Glashaus färben sich die ersten Früchte im Juni rot. Im beheizten Gewächshaus ist sogar die Ernte schon ab April/Mai möglich. Im Freiland geht's Ende Juli los. Die letzte Ernte im Freiland muß vor den ersten Nachtfrösten erfolgen. Grüne Früchte können dann ebenfalls geerntet werden, um sie auf der Fensterbank im Haus nachreifen zu lassen.

Biologischer Pflanzenschutz: Sorgfältige Kultur ist die beste Vorbeugemaßnahme gegen Pflanzenschäden bei Tomaten. Von den Insekten bevorzugen Weiße Fliegen Tomatenblätter. Blattunterseiten auf Befall überprüfen; bei Beginn Gelbtafeln aufhängen. Spinnmilben treten nur selten auf, Blattläuse schon häufiger.
Gefürchtet ist die Kraut- und Knollenfäule; eine Pilzkrankheit, die auf den Blättern und Früchten mit dunkelbraunen Flecken beginnt. Befallene Pflanzen vernichten. Vorbeugend mit Steinmehl oder Algenkalk stäuben, regelmäßig mit Brennesselbrühe oder Algenpräparaten sprühen. Bodenqualität mit Kompost verbessern. Häufig sieht man Früchte mit sogenannten Grünkragen; sie weisen verhärtetes, grünes Gewebe um den Stiel auf. Ursachen sind Stickstoffüberdüngung oder Wachstumsstockungen.
Grauschimmel entsteht bei zu hoher Luftfeuchtigkeit im Gewächshaus.

Paprika

Capsicum annuum
Familie: Nachtschattengewächse

Wissenswertes: Paprikafrüchte werden zunächst grün und färben sich dann je nach Sorte gelb oder rot. Ausgereift sind sie aromatischer und höher im Nährwert als grüner Paprika. Der Gehalt an Vitamin C wird von keiner anderen Gemüseart überboten.

Ansprüche: Paprika zählt zusammen mit Melonen und den eng verwandten Auberginen zu den wärmebedürftigsten Gemüsearten überhaupt. Der Anbau unter Glas ist dringend zu empfehlen. Im Freiland bringen ein warmer, geschützter Standort und ein sonnenreicher Sommer ebenfalls eine brauchbare Ernte – aber nur, wenn beide Faktoren zusammenkommen. Im Gewächshaus herrschen ideale Bedingungen. Am meisten behagt Paprika ein Temperaturbereich von 25 – 28 Grad C; darüber sollte das Gewächshaus gelüftet werden.
Die Ansprüche gleichen weitgehend denen von Tomaten – nur eben etwas wärmer darf es sein.

Roter Paprika

Der Anbau von Paprika und Peperoni unter einem Folientunnel.

Damit die anderen Früchte nicht leiden, Paprika mit der Schere ernten.

Aussaat: ähnlich Tomaten. Keimtemperatur und Wärmebedarf liegen noch etwas höher. Warme Anzucht zwischen Januar (im Warmhaus) und März für die Pflanzung im unbeheizten Glashaus.

Pflanzung: Gepflanzt wird in Reihen mit 60 cm Abstand; in der Reihe 40 – 50 cm. Lieber setzt man sie etwas weiter und luftiger. Die Wuchshöhe beträgt 60 – 120 cm. Ein Stützstab sollte gleich mit eingegraben werden. Da Paprikapflanzen deutlich langsamer und nur halb so hoch wachsen wie Tomaten, können sie vor die Tomatenreihe gesetzt werden.

Düngung: ähnlich Tomaten (siehe S. 112). Grunddüngung im Herbst mit organischem Volldünger oder Stallmist. Gedüngt wird vor dem Einpflanzen und in der Folge noch zwei- bis dreimal. Statt dessen können auch vierzehntägig geringe Mengen Flüssigdünger ins Gießwasser gegeben werden. Brennesseljauche wird als Zusatzdünger gut vertragen.

Pflege: Gleichmäßige Bodenfeuchtigkeit ist entscheidend für ungestörtes Wachstum. Der Wasserbedarf ist bei sonnigem Wetter sehr hoch. Unregelmäßige Wasserversorgung kann das Abfallen von Blüten zur Folge haben. Mulchen mit Grasschnitt vermindert die Verdunstung von Bodenfeuchtigkeit.
Ein kleiner Eingriff, dessen Wirkung man nicht unterschätzen sollte, ist das Abknipsen der sogenannten Königsblüte. Das ist die Blütenknospe, die aus der ersten Verzweigung herauswächst. Wird sie entfernt, fällt der Fruchtertrag deutlich höher aus.

Ernte: Ab Mitte Juli können unter Glas bereits die ersten grünen Früchte geerntet werden. Besser läßt man sie voll ausreifen. Damit sie ihre endgültige Färbung erhalten, brauchen sie volles Sonnenlicht. Bis in den November hinein kann unter Glas geerntet werden. Bei kühlen Temperaturen wachsen dann keine Früchte mehr.

Biologischer Pflanzenschutz: Blattläuse treten schon bei den Jungpflanzen auf, wenn sie zu kühl gehalten werden. Im Sommer wird Blattlausbefall durch zu engen Stand, zu hohe Düngung und Lichtmangel begünstigt. Abspülen der Blätter mit Wasser genügt meistens schon als Gegenmaßnahme. Beim ersten Auftreten der Weißen Fliege sollten Gelbtafeln in der Nähe aufgehängt werden. Zu hohe Luftfeuchtigkeit kann Grauschimmel verursachen. Rechtzeitiges Lüften beugt vor. Gelegentlich treten ähnliche Krankheiten wie bei den eng verwandten Tomaten auf.

Aubergine

Solanum melongena
Familie: Nachtschattengewächse

Wissenswertes: Auberginen stammen aus dem tropischen Ostindien. Entsprechend hoch ist ihr Wärmebedarf, den nur ein Gewächshaus zufriedenstellend erfüllen kann. Die Pflanzen erreichen eine Wuchshöhe von 100 – 130 cm. Aus den dekorativen blauen Blüten wachsen bis zu 30 cm lange Früchte heran. Sie können gekocht, gebacken oder gebraten werden – eine Köstlichkeit.

Ansprüche: Ähnlich Tomaten und Paprika, aber noch etwas wärmer halten. Die optimale Temperatur im Gewächshaus liegt um 25 Grad C. Mehr soll's nicht sein – dann muß unbedingt gelüftet werden. Hohe Luftfeuchtigkeit mögen Auberginen nicht. Der Freilandanbau gelingt nur bei Idealbedingungen: warmes Klima, Sonnen-Sommer und geschützter Standort. Auf dem Boden muß regelmäßig Kompost verteilt werden, denn Auberginen brauchen unbedingt gute Bodenqualität.

Aussaat: Es reicht, im März unter Glas auszusäen, denn der Erntetermin läßt sich auch bei früherer Saat kaum vorverlegen. Anzucht ähnlich Tomaten: in Saatschalen säen (Keimtemperatur mindestens 22 Grad C), nach vier Wochen in Töpfe pflanzen.

Auspflanzen: Im Mai setzt man die Jungpflanzen ins Grundbeet des Gewächshauses. Der Abstand beträgt mindestens 60 × 60 cm. Die großen Blätter brauchen später Platz, um sich auszubreiten. Ein ausreichend hoher Stützstab wird gleich mit eingegraben.

Düngung: Gedüngt wird ähnlich wie bei Tomaten, aber mit etwas kleinerer Gesamtmenge: Grundversorgung im Herbst mit or-

Dekorativ und außergewöhnlich: Auberginen.

Auberginen wachsen am besten im Gewächshaus.

ganischem Dünger, vor der Pflanzung erneut düngen, danach zwei weitere, geringe Gaben.

Pflege: Die großen Blätter verdunsten reichlich Wasser, deshalb immer für ausreichende, möglichst gleichbleibende Bodenfeuchtigkeit sorgen. Der Boden darf zu keinem Zeitpunkt austrocknen. Gelegentlich wird empfohlen, die Pflanzen im Wachstum zu beschneiden oder zumindest einen Teil der Fruchtansätze zu entfernen. Damit sollen größere Früchte erzielt werden. Man kann die Pflanzen aber ebenso einfach wachsen lassen.

Ernte: Für die Fruchtbildung brauchen Auberginen die langen Sommertage. Deshalb ist selten vor Ende Juli mit einer befriedigenden Ernte zu rechnen. Die Früchte sind reif, wenn die Schale voll ausgefärbt ist; nicht früher ernten. Allerdings auch nicht zu lange warten, weil überreife Auberginen schwammig schmecken.

Biologischer Pflanzenschutz: Blattläuse treten häufig im Laufe des Sommers auf. Mit Wasser abspülen und auf Nutzinsekten, Marienkäferlarven beispielsweise, achten. Weiße Fliegen lassen sich beim ersten Auftreten mit Gelbtafeln in Schach halten. Ausreichendes Lüften verhindert den Befall von Grauschimmel.

Zuckermais

Zea mays convar. *saccharata*
Familie: Gräser

Ansprüche: Der Standort muß etwas geschützt und unbedingt vollsonnig sein. Ein humusreicher, mit viel Kompost verbesserter Boden liefert gute Voraussetzungen für die Ernte dicker Maiskolben. Etwas Windschutz ist vorteilhaft.

Aussaat: Damit die Maiskolben im Herbst sicher ausreifen, sollten die Pflanzen im April unter Glas vorgezogen werden. Direktsaat im Mai kann in einem kühlen Sommer unbefriedigende Ernten zur Folge haben. Die dicken Maiskörner drückt man – jeweils zwei bis drei Stück – in Töpfe mit Erde. Nur eins der keimenden Gräser – zu dieser Familie gehört der Mais – läßt man wach-

Ringelblumen neben Zuckermais, warum nicht?

Zuckermais kann auch roh gegessen werden.

Buschbohnensorte mit violetten Blüten.

Buschbohnen können mehrfach durchgepflückt werden.

Die Sortenauswahl bei Buschbohnen ist groß.

sen. Günstig ist die Anzucht in Recyclingtöpfen, die nach dem Auspflanzen nicht entfernt werden müssen, da sie später durchwurzelt werden. Denn die Wurzeln der Maispflänzchen sind recht empfindlich.

Pflanzung: Man setzt die Jungpflanzen in Reihen mit 70 cm Abstand; in der Reihe genügen 20 cm Abstand. Mais ist recht kälteempfindlich und sollte daher erst Ende Mai gepflanzt werden.

Düngung: Zuckermais braucht überraschend viele Nährstoffe. Im Garten sollte das Beet schon im Herbst mit organischem Volldünger oder verrottetem Stallmist versorgt werden. Vor der Pflanzung erneut düngen, dann noch zweimal während der Kultur.

Pflege: Regelmäßig hacken und wässern. Manche Pflanzen bilden Seitentriebe, die gleich entfernt werden.

Ernte: Die Kolben sind reif zum Ernten, wenn sich die Fäden am Kolben schwarz verfärben. Sie sollten dann möglichst bald verzehrt werden.

Biologischer Pflanzenschutz: im allgemeinen nicht erforderlich.

Hülsenfrüchte

Buschbohne

Phaseolus vulgaris var. *nanus*
Familie: Schmetterlingsblütler

Wissenswertes: Die Bohnenvielfalt ist beachtlich. Sie reicht von den feinen Filetbohnen über gelbe Wachsbohnen, Sorten mit blauen oder rotweißen Hülsen, roten Kidneybohnen und anderen Trockenkochbohnen bis hin zu den (eßbaren) Feuerbohnen. Im Anbau wird zwischen niedrig wachsenden Buschbohnen und kletternden Stangenbohnen unterschieden. Buschbohnen sind zunehmend gefragt, weil sie im Gegensatz zu den Stangenbohnen keine Kletterhilfe brauchen. Hier besteht auch die größte Sortenauswahl.

Ansprüche: Humusreicher, sandiger und dadurch gut wasserdurchlässiger Boden ist vorteilhaft. Lehmiger Boden braucht reichliche Kompostgaben. Ausreichender Kalkgehalt (pH-Wert 7) fördert das Wachstum. Der Standort sollte etwas windgeschützt sein.

Aussaat: Die kälteempfindlichen Bohnen dürfen nicht vor Mitte Mai gesät werden, da sie bei Temperaturen knapp über dem Gefrierpunkt Schäden erleiden. Man legt sie in 2 cm tiefe Saatrillen mit 35 – 45 cm Reihenabstand jeweils 6 – 8 cm auseinander aus. Vorzugsweise wird Horstsaat praktiziert: Jeweils vier bis sechs Bohnensamen zusammen – im Horst – mit 40 cm Abstand auslegen.

Vorkultur: Um frühe Sorten besonders zeitig ernten zu können, können die Bohnensamen unter Glas vorgezogen werden. Anfang Mai legt man in Töpfe von ca. 10 cm Durchmesser jeweils vier bis sechs Bohnenkörner. Bei ausreichender Wärme treiben sie schnell zu einem kompakten Pflanzenknäuel aus; bereits Ende Mai wird gepflanzt.

Düngung: Der Nährstoffbedarf ist nicht allzu hoch, denn Stickstoff produzieren die Pflanzen selbst. Sie sind wie Erbsen und andere Schmetterlingsblütler in der Lage, den Stickstoff der Luft mit Hilfe bestimmter Bakterien zu binden. Sie hinterlassen also einen gedüngten Boden. Die Wurzelrückstände der Pflanze sollten deshalb nach der Ernte im Boden verbleiben. Zur Gesamtversorgung des Bohnenbeets ist lediglich vor der Aussaat eine geringe Menge organischen Düngers erforderlich. In mit Kompost reichlich versehenen Böden ist gar keine Düngung nötig.

Pflege: Bald nach dem Auflaufen sollten die Jungpflanzen beim Hacken der Reihen leicht angehäufelt werden, damit sie einen besseren Stand erhalten. Die kompakten Pflanzen werden kaum höher als 50 cm. Anfangs zurückhaltend gießen. Erst mit zunehmendem Wachstum und Blütenbeginn steigt der Wasserbedarf. Trockenheit ist unbedingt zu vermeiden, weil sonst die Früchte abgeworfen werden.

Ernte: Die ersten Bohnen sind schon im Juni reif. Die feinen Filetbohnen benötigen gerade 40 Tage von der Aussaat bis zur Ernte, andere etwas länger. Die Früchte müssen vorsichtig gepflückt werden, denn die Pflanze reagiert mit Wachstumsstörungen, wenn die Triebe verletzt werden. Man sollte sie möglichst jung ernten, dann sind sie besonders zart. Die meisten Sorten können mehrfach durchgepflückt werden. Trockenbohnen läßt man bis zum vollen Ausreifen im Beet; nach dem Herausholen hängt man die Pflanze an den Wurzeln auf und läßt sie trocknen. Die Bohnen können herausgeklopft und gelagert werden. Bohnen dürfen nicht roh verzehrt werden; sie enthalten den Giftstoff Phasin, der sich erst beim Kochen oder Blanchieren zersetzt.

Biologischer Pflanzenschutz: Schwarze Blattläuse können auftreten. Bei frühzeitigem, starkem Befall mit nützlingsschonenden, sanften Insektiziden sprühen. Bohnenfliegen lassen sich durch Insektenschutznetze abwehren. Bei Vorkultur der Bohnen entgeht man der Flugzeit von Bohnenfliegen. Neuzüchtungen sind gegen arttypische Krankheiten wie Bohnenmosaikvirus und Brennfleckenkrankheit resistent. Das Auftreten von Grauschimmel wird meistens durch zu dichten Stand hervorgerufen.

Stangenbohne

Phaseolus vulgaris var. *vulgaris*
Familie: Schmetterlingsblütler

Die kletternden Bohnen brauchen ein Stützgerüst und sind anspruchsvoller als Buschbohnen. Sie benötigen mehr Wärme und auch mehr Dünger, aber dafür bringen sie einen weitaus höheren Ertrag. Ansonsten entsprechen die Pflegebedingungen weitgehend denen von Buschbohnen. Als Kletterhilfe verwendet man üblicherweise 3 m lange, dünne Holzstangen, die im Abstand von 100 × 60 cm jeweils 50 cm tief in die Erde eingegraben werden. Sie werden zu einer Pyramide zusammengestellt oder an Drähten oder Latten befestigt. Bei der Aus-

Stangenbohnen benötigen eine Kletterhilfe: hier eine blaue Sorte.

Hübsch und nützlich: Mischkultur mit Kapuzinerkresse.

saat legt man jeweils sieben bis acht Bohnen rund um eine Stange. Neben der Grunddüngung erhalten sie vor Blühbeginn noch einmal organischen Volldünger. Stangenbohnen sind erst ab Ende August erntereif, können aber lange Zeit gepflückt werden.

Feuerbohne

Phaseolus coccineus
Familie: Schmetterlingsblütler

Diese kletternden Bohnen sind wegen ihrer dekorativen roten (auch weißen) Blüten noch mehr als Zierpflanzen begehrt. Da sie wenig kälteempfindlich sind, dürfen sie etwas früher als die anderen Bohnenarten gesät werden. Auch in ihren Ansprüchen sind sie äußerst robust. Sie werden überwiegend als Schnittbohnen zubereitet. Gelegentlich gibt es auch niedrige Feuerbohnen im Gartenfachhandel.

Fast schon eine Zierpflanze: die Feuerbohne.

Erbse

Pisum sativum
Familie: Schmetterlingsblütler

Wissenswertes: Im Garten werden drei verschiedene Arten angebaut:
- Markerbsen werden am häufigsten ausgesät. Angeboten werden viele verschiedene Sorten. Unter den Neuzüchtungen sind auch recht niedrig wachsende Buscherbsen, die keine Stütze im Beet brauchen.
- Schalerbsen, auch Palerbsen genannt, findet man seltener im Samenangebot. Sie ergeben die typische Erbsensuppe und können besonders früh gesät und nach der Ernte getrocknet werden.
- Zuckererbsen werden mitsamt den Hülsen verzehrt. Ihr Geschmack ist von angenehmer Süße. Sie sind ebenfalls als niedrige Buscherbsen im Samenangebot.

Ansprüche: Erbsen wachsen in jedem Klima und auf nahezu jedem Boden, wenn er nur ausreichend humusreich und locker ist. Allzu windgeschützte Lagen sind ungünstig.

Aussaat: Als erste im Jahr – bereits im März – können Schalerbsen gesät werden. Sie vertragen sogar in der Blüte leichte Fröste. Im April werden Mark- und Zuckererbsen gesät. Ein späterer Aussaattermin als Mitte Juni ist zwar möglich, aber nicht empfehlenswert, weil Erbsen andernfalls zu früh blühen und der Ertrag in der heißen Jahreszeit gering bleibt. Man sät in Reihen mit 40 cm Abstand oder in Doppelreihen mit 10 cm Abstand. In der Reihen brauchen Erbsen 5 cm Abstand. Wichtig: Die Samen müssen 5 cm tief in die Erde kommen und nach dem Abdecken gut festgeklopft werden, damit sie guten Bodenschluß aufweisen.

Düngung: Der Nährstoffbedarf ist gering, so daß die Versorgung mit gut abgelagertem Kompost in der Regel ausreicht. Vor allem sollte auf eine stickstoffbetonte Düngung verzichtet werden, denn Stickstoff produzieren die Pflanzen selbst. Die Wurzeln läßt man deshalb nach der Ernte möglichst im Boden.

Pflege: Bald nach dem Auflaufen sollten die Erbsenreihen angehäufelt werden, um ih-

Erbsen wurden bereits 6000 v. Chr. in Kleinasien angebaut.

Erbsen in Mischkultur, ein Spalier ist als Rankhilfe notwendig.

nen einen sicheren Stand zu geben. Gewöhnlich benötigen Erbsen eine Stütze, damit sie leichter geerntet werden können. Buscherbsen kommen ohne aus, können aber ebenfalls mit Reisig oder Maschendraht gestützt werden. Der Boden muß ständig gleichmäßig feucht gehalten werden; denn Trockenheit führt zu Ertragsminderung.

Ernte: Schalerbsen erntet man als erste; ab Ende Mai. Sie werden möglichst früh gepflückt, ehe sie ihre grüne Farbe verlieren. Markerbsen müssen unbedingt jung geerntet werden; als Trockenerbsen taugen sie nicht. Die Ernte beginnt hier Mitte Juni. Ebenso bei den Zuckererbsen; die können allerdings lange an der Pflanze bleiben, ohne an Qualität einzubüßen.

Biologischer Pflanzenschutz: Vögel picken mit Vorliebe die Samen auf; mit Reisig abdecken. Blattläuse lassen sich in der Regel einfach mit Wasser abspritzen. Mehltau entsteht meistens als Folge zu dichter Pflanzung. Befallene Pflanzen müssen entfernt werden.

Erbsen können auch an Reisern hochwachsen, sogenannte Reisererbsen.

Möhren aus dem eigenen Garten schmecken einfach besser!

Wurzel- und Knollengemüse

Möhre

Daucus carota ssp. *sativus*
Familie: Doldenblütler

Ansprüche: Möhren brauchen einen tiefgründig gelockerten Boden; lieber sandig als lehmig. Humusreicher, regelmäßig mit Kompost verbesserter Boden ist ideal. In steiniger, verfestigter Erde gibt es verformte Wurzeln. Auch Staunässe wird nicht vertragen. Eine etwas windige Lage ist von Vorteil, um die Möhrenfliege fernzuhalten.

Aussaat: Früheste Möhren dürfen in günstigen Lagen bereits ab Ende Februar im Freiland gesät werden. Da sie nicht allzu groß werden, genügt ein Reihenabstand von 15 – 20 cm. Die Sämlinge verzieht man in der Reihe auf 5 cm Abstand. Weitere Aus-

Eine runde Möhrensorte.

saaten mit mittelfrühen und späten Sorten können von April bis Ende Juni folgen. Der Abstand wird hier geringfügig größer gewählt. Saattiefe: 3 cm. Nach dem Abdecken mit Erde müssen die Samen unbedingt gut angedrückt werden. Erst drei bis vier Wochen nach der Aussaat sind die ersten Blattspitzen der Möhren zu sehen. Als Markiersaat werden daher stets einige Radieschenkörner mit ausgesät. Sie keimen erheblich schneller und zeigen den Verlauf der Saatreihe an, so daß leichter gehackt werden kann.
Die lange Keimdauer der Möhrensamen kann um fast zwei Wochen verkürzt werden, indem man die Samen vor der Aussaat mit feuchtem Sand vermischt und in einem Kunststoffbeutel bei Zimmertemperatur drei Tage ankeimen läßt.

Düngung: Als Mittelzehrer benötigen Möhren keine üppigen Düngergaben. Wegen des frühen Anbaubeginns sollte schon im Herbst organischer Dünger verteilt werden. Mit guter Kompostversorgung genügt es – zumindest bei frühen Möhren –, die Saatrillen vor der Aussaat mit gesiebter Komposterde zu bestreuen. Spätere Sorten können eine Nachdüngung mit Brennesseljauche bekommen. Keinesfalls Frischmist verwenden – auch nicht als Herbstdüngung –, denn der begünstigt den Befall mit der Möhrenfliege. Der recht hohe Kaliumbedarf kann durch Streuen von Holzasche erfüllt werden.

Pflege: Neben dem regelmäßigen Hacken ist eine ausreichende Wasserversorgung wichtig. Im Möhrenbeet gießt man am besten abends. Zusätzlich sollte der Boden zwischen den Reihen gemulcht werden. Wenn die Köpfe der Möhren aus der Erde schauen, sollte man sie ein wenig anhäufeln; sie werden sonst grün.

Ernte: Je nach Sorte kann zwischen Sommer und Spätherbst geerntet werden. Die späten Möhren läßt man möglichst lange in der Erde wachsen und holt sie erst vor Frostbeginn heraus. Mit einer Laub- oder Strohabdeckung lassen sich Fröste abwehren. Im kühlen Keller oder Einschlag halten sich Möhren monatelang.

Biologischer Pflanzenschutz: Die Blattfleckenkrankheit vermeidet man durch Auswahl von widerstandsfähigen Sorten. Möhrenfliegen erkennt man meistens zu spät: Ihre Maden dringen in die Frucht ein und hinterlassen mit Kot gefüllte Gänge. Die Eiablage der Möhrenfliege läßt sich u.a. durch Insektenschutznetze abwehren. Ein sehr früher Aussaattermin schützt ebenfalls vor Befall.

Radieschen

Raphanus sativus var. *sativus*
Familie: Kreuzblütler

Wissenswertes: Für früheste Ernten werden Radieschen häufig unter Glas herangezogen; hierfür Treibhaussorten verwenden. Für den Sommeranbau gibt es spezielle Sorten, die nicht so leicht pelzig im Geschmack und hohl werden.

Radieschen sind reich an ätherischen Ölen, deshalb der würzig-scharfe Geschmack.

Wegen der kurzen Kulturzeit sind Radieschen die optimalen Lückenfüller.

Ansprüche: Radieschen sind rechte „Lückenbüßer". Da sie eine kurze Kulturzeit aufweisen, können sie zwischen anderen, langsamer wachsenden Gemüsearten ausgesät werden. Jedes Klima ist ihnen recht. Lockerer, humusreicher Boden bietet Idealbedingungen. Der Standort sollte möglichst sonnig sein. Nur beim Anbau in den Sommermonaten ist Halbschatten vorteilhaft.

Aussaat: Ab Anfang März darf bereits gesät werden. In weniger günstigen Lagen ist für die Freilandaussaat der Monat April geeigneter. Oder man sät im Frühbeet – hier schon ab Ende Februar. Folienabdeckung verkürzt die Anbauzeit im Freiland deutlich. Letzter Aussaattermin ist Mitte August.
Der Reihenabstand beträgt 10 – 15 cm. Legen Sie Radieschensamen in der Reihe mit 3 – 5 cm Abstand aus; Saattiefe: nicht mehr als 1 cm.

Düngung: Radieschen sind Schwachzehrer und kommen bei ausreichender Kompostversorgung ohne Zusatzdüngung aus. In mageren Böden vor der Aussaat düngen. Übermäßige Stickstoffgaben ergeben üppiges Laub, aber kleine Knollen.

Pflege: Gleichmäßige Bodenfeuchtigkeit ist für zügiges Knollenwachstum besonders wichtig. Schon kurzfristige Trockenheit kann den Geschmack beeinträchtigen. Zwischendurch hacken. Radieschen unter Glas nicht zu warm halten und bei Sonne rechtzeitig lüften.

Ernte: Mit beginnender Reife müssen die Radieschen laufend geerntet werden. Läßt man sie zu lange in der Erde, können sie pelzig werden.

Biologischer Pflanzenschutz: Häufiges Hacken und genügend feuchter Boden vermindern die Chance des Befalls. Gegen Gemüsefliegen hilft das Abdecken mit einem Insektenschutznetz.

Rettich

Raphanus sativus var. *niger*
Familie: Kreuzblütler

Wissenswertes: Die Sortenunterschiede sind beachtlich: weiße, rote, rosafarbene Rettiche mit walzenförmigen, eiszapfenartigen oder runden Rüben. Winterrettich weist eine schwarze Außenhaut und weißes Fruchtfleisch auf.

Ansprüche: Ein möglichst humusreicher Boden schafft gute Voraussetzungen. Sandböden müssen mit reichlich Kompostgaben verbessert werden, aber keinen frischen Stallmist verwenden. Die Erde wird tiefgründig gelockert, damit der Rettich unterirdisch ungehindert wachsen kann.

Aussaat: Gesät wird früh: unter Glas im Februar, sonst ab Anfang März. Folienabdeckung ist bei zeitiger Aussaat anzuraten. Weitere Aussaaten sind bis Anfang August möglich, wobei für jede Aussaatzeit geeignete Sorten verwendet werden. Der schwarze Winterrettich beispielsweise darf erst nach Mitte Juli gesät werden.
Der Reihenabstand beträgt durchschnittlich 25 – 30 cm; die Pflanzen sollen 15 – 20 cm auseinander wachsen. Frühe Sorten können enger stehen als Sommer- und Herbstrettiche. Entweder sät man je zwei Samenkörner gleich im richtigen Abstand aus und läßt nur den kräftigsten Sämling wachsen, oder man sät enger und verzieht die Sämlinge. Für eine frühe Ernte werden Rettiche manchmal in Saatschalen vorgezogen und ausgepflanzt; sie dürfen dann nicht zu spät ins Beet kommen.

Düngung: Obwohl Rettiche erheblich mehr Gewicht auf die Waage bringen als die kleinen Radieschen, ist der Düngerbedarf nur wenig höher als bei Radieschen. In der Regel reicht häufiges Verteilen von Kompost zur ausreichenden Nährstoffversorgung aus. Sonst vor der Aussaat etwas organischen Dünger verteilen. Keinen Tiermist oder unvollständig verrotteten Kompost verwenden.

Pflege: Zwischen den Reihen muß der Boden mehrfach flach gehackt werden. Unbedingt auf ausreichende Bodenfeuchtigkeit achten, denn ähnlich wie bei Radies-

Fast wie Radieschen in Großformat: der rote Rettich.

In lockerer und steinfreier Erde wachsen schöne Rettiche heran.

chen kann sich Trockenheit negativ auf den Geschmack auswirken.

Ernte: Die frühesten Sorten sind im Freiland ab Anfang/Mitte Mai erntefertig; unter Glas noch im April. Im August kann die Ernte der Juni-Aussaat eingebracht werden. Die im Sommer gesäten Winterrettiche schließlich werden ab November geerntet. Warten Sie mit dem Ernten nicht, bis die Blätter gelb werden. Die Knollen sind dann leicht pelzig im Geschmack. Man erntet die Reihen mehrfach durch. Später Rettich läßt sich im Einschlag oder Keller einige Zeit lagern.

Biologischer Pflanzenschutz: wie Radieschen (siehe S. 123). Gelegentlich tritt Rettichschwärze auf, die durch Stallmistdünger oder zuviel Kalk begünstigt wird.

Sellerie

Apium graveolens var. *rapaceum*
Familie: Doldenblütler

Ansprüche: Der robust wirkende Sellerie ist recht anspruchsvoll. In sandigem, trockenem Boden kommt er nicht voran. Mittelschwerer Boden mit hohem Humusanteil schafft ihm beste Bedingungen. Dagegen ist sein Wärmebedarf gering. Der Standort darf etwas windig sein, das vertreibt die auch Sellerie befallende Möhrenfliege, und überhaupt ist ein feuchter Sommer für das Wachstum der Pflanzen günstiger als ein Schönwettersommer.

Aussaat: Die lange Kulturdauer von Knollensellerie erfordert eine frühe Anzucht unter Glas. Schon Anfang März, bis spätestens Ende des Monats, wird in Saatschalen auf dem Fensterbrett oder im Gewächshaus gesät. Die Keimtemperatur beträgt 15 – 20 Grad C. Das Saatgut ist sehr fein und darf nicht zu dicht gestreut werden. Die Samenkörner drückt man mit dem Handrücken

Sellerie ist ein typisches Eintopfgemüse.

an, bedeckt sie aber nicht mit Erde. Ein- bis zweimal muß pikiert werden; in 5-cm-Töpfchen können sich die Jungpflanzen am besten entwickeln. Im Laufe der Kultur genügt dann eine etwas kühlere Temperatur um 15 Grad C. Starke Temperaturschwankungen bei der Anzucht können später die Neigung zum Schossen verstärken.

Auspflanzen: Vor Ende Mai sollte nicht ausgepflanzt werden, denn Sellerie ist frostempfindlich. Bei einem Pflanztermin Mitte Mai ist Folienabdeckung günstiger. Im Beet müssen die Jungpflanzen möglichst hoch gesetzt werden; Voraussetzung für eine gute Knollenbildung. Wenn sie, ähnlich wie Kopfsalat, anfangs auf „wackeligen Beinen" stehen, ist's richtig. Der Reihenabstand beträgt 40 cm, der Pflanzabstand ebenfalls.

Düngung: Stallmist, der bereits im Herbst auf dem Beet verteilt wird, ergibt eine ausgezeichnete Grundversorgung. Noch besser ist es, Tiermist mit anderen Abfällen zusammen zu kompostieren. Der daraus entstehende Kompost ist ideal für den Sellerieanbau. Kann erst im Frühjahr gedüngt werden, dann sollte organischer Dünger bevorzugt werden. Der recht hohe Kaliumbedarf läßt sich mit Holzasche ergänzen. Steinmehl und geringe Mengen Algenkalk begünstigen das Wachstum. Im Sommer wird dann noch einmal eine geringe Menge organischer Dünger verteilt. Auch Brennesseljauche eignet sich gut für die Nachdüngung. Zuviel des Guten ist nicht ratsam, denn reichliche Stickstoffgaben verkürzen die Haltbarkeit und beeinträchtigen manchmal den Geschmack der Knollen.

Pflege: Ausreichende Bodenfeuchtigkeit ist Voraussetzung, damit sich schöne Knollen bilden; also rechtzeitig wässern. Möglichst keine Blätter vorzeitig zum Würzen abschneiden, denn sie werden von der Pflanze zum Assimilieren benötigt. Während der langen Kulturdauer muß häufig gehackt werden. Beim Mulchen ist darauf zu achten, daß die Knollen frei bleiben.

Ernte: Von der Pflanzung bis zur Ernte muß man wenigstens vier Monate rechnen; Mitte Oktober ist realistisch. Nicht zu früh ernten, denn die Knolle wächst auch noch im Herbst weiter. Bei drohenden Minusgraden sollte man Folie bereitlegen, denn Sellerie verträgt nur leichte Fröste. Die Knollen lassen sich ausgezeichnet im Einschlag mit Sand oder im kühlen Keller lagern; dann schneidet man nur die äußeren Blätter und Stiele ab.

Biologischer Pflanzenschutz: Die Blattfleckenkrankheit läßt sich durch widerstandsfähige Sorten ausschalten. Großzügiger Pflanzenabstand schränkt den Schädlingsbefall ein. Das Auftreten der Möhrenfliege kann durch Mischkultur mit Lauch, sicherer durch Abdecken mit Gemüsefliegennetzen verhindert werden. Anfangs treten gelegentlich Blattläuse auf, die man leicht mit Wasser abspülen kann.

Rote Bete

Beta vulgaris var. *conditiva*
Familie: Gänsefußgewächse

Ansprüche: Für den Anbau ist ein vollsonniger Standort zu empfehlen. Zwar genügt den bescheidenen Pflanzen zum Wachsen auch weniger Licht, aber dadurch steigt der Nitratgehalt stark an. Der Boden sollte möglichst humusreich sein.

Aussaat: Das Saatgut ist ungewöhnlich, denn die Samenkörner kleben in dicken Bündeln zusammen. Man legt sie unzerteilt in die Erde. Es gibt aber auch sogenannte monogerme Neuzüchtungen, bei denen aus jedem einzelnen Samenkorn auch nur eine Pflanze wächst, so daß späteres Ver-

Die Rote Bete ist relativ anspruchslos, sollte aber einen sonnigen Platz bekommen.

ziehen entfällt. Der Reihenabstand beträgt 25 cm, der Pflanzenabstand 5 – 10 cm. Gesät wird Ende April bis Ende Juni. Saattiefe: 1 – 2 cm; im Sommer 3 cm. Für Aussaaten schon Anfang April ist eine Folienabdeckung nötig; oder man sät im Frühbeet aus. Möglich, aber wenig üblich, ist die Vorkultur: Ende März in Töpfchen säen und Mitte Mai auspflanzen.

Düngung: Zwar sind die Ansprüche von Rote Bete bescheiden – nicht aber der Nährstoffbedarf. Eine Grundversorgung mit organischem Dünger sollte möglichst schon im Herbst erfolgen. Dennoch ist gerade bei der Düngung Zurückhaltung zu üben, denn Rote Bete erreichen bei übertriebener Stickstoffdüngung – ebenso wie bei Lichtmangel – einen hohen Nitratgehalt. Ein gut mit Kompost angereicherter Boden kommt auch ohne Zusatzdüngung aus.

Pflege: Die heranwachsenden Pflänzchen müssen rechtzeitig vereinzelt werden; spätestens bei einer Höhe von 10 cm. Im Laufe der Kultur zwei- bis dreimal flach hacken. Zu weit aus der Erde ragende Knollen werden angehäufelt. Ausreichende Wasserversorgung ist für gute Knollenbildung wichtig.

Ernte: Die Knollen schmecken am besten, wenn sie möglichst klein geerntet werden; bei einem Durchmesser von nur 6 cm. Zu lange sollten reife Früchte nicht im Beet bleiben, sonst bilden sich im Fruchtfleisch weiße Ringe. Da sie frostempfindlich sind, ist gewöhnlich Anfang Oktober Ernteschluß. Die Blätter werden vorsichtig abgedreht; nicht die Knolle beschädigen, sonst läuft der wertvolle Saft aus. Rote Bete läßt sich recht gut einlagern.

Biologischer Pflanzenschutz: nicht erforderlich.

Die Pastinake hat einen Geschmack, der an Möhren und Petersilie erinnert.

Pastinake

Pastinaca sativa
Familie: Doldenblütler

Die Klimaansprüche sind gering. Der Boden sollte möglichst humusreich sein. Gesät wird Mitte April im Freiland. Reihenabstand 30 – 40 cm; in der Reihe auf 10 – 15 cm verziehen. Die Samen keimen langsam – ähnlich wie die verwandten Möhren. Als Starkzehrer brauchen Pastinaken schon im Herbst eine nicht zu knappe Grundversorgung mit organischem Dünger. Die lange Kulturdauer erfordert häufiges Hacken. Rechtzeitig wässern; bei Trockenheit kommen die Pflanzen vorzeitig zum Blühen. Die Ernte beginnt erst im Oktober. Danach ist eine Laubabdeckung vorteilhaft. Die Wurzeln überstehen darunter auch stärkere Fröste und können so den ganzen Winter hindurch geerntet werden. Man muß sie vorsichtig aus der Erde graben, weil sie leicht brechen.

Kartoffeln

Solanum tuberosum
Familie: Nachtschattengewächse

Wissenswertes: Der Anbau im Garten lohnt sich, wenn man ein Stückchen Fläche erübrigen kann; Frühkartoffeln bekommen dabei klar den Vorzug. Die Vorteile: Kartoffeln erfordern nur wenig Pflegeaufwand, sie hinterlassen einen lockeren, weitgehend unkrautfreien Boden – ideal für jede Folgekultur – und bieten außerdem eine ordentliche Ernte ausgezeichneter „Erdäpfel". Fragen Sie beim Kauf der Saatkartoffeln nach frühen Sorten. Mittelfrühe und vor allem Lagerkartoffeln bringen einen höheren Ertrag – haben aber auch einen späteren Erntetermin.

Ansprüche: Kartoffeln wachsen in nahezu jedem Boden und Klima. Manchmal sind Sorten erhältlich, die speziell für sandige oder lehmige Böden geeignet sind. Auf jeden Fall sollte der Boden recht humusreich, also mit häufigen Kompostgaben versorgt sein. In rauhen Lagen kann freilich erst später gepflanzt werden.

Vorkeimen: Um so früh wie möglich ernten zu können, werden die Pflanzkartoffeln vorgekeimt. Man legt sie dicht nebeneinander in flachen Schalen oder Obststeigen aus; die Seite mit den meisten Augen nach oben. Bei mäßiger Wärme (um 15 Grad C) hell aufgestellt, treiben sie bald aus. Die Keime sollten kurz und gedrungen sein, wenn die Kartoffeln gepflanzt werden. Längere Keime brechen leicht.

Auspflanzen: Saat- oder Pflanzkartoffeln können je nach Klima ab Ende März in die Erde kommen. Dann ist allerdings eine Folienabdeckung sicherer. Gewöhnlich bestimmt man den Pflanztermin so, daß das austreibende Laub keinen Frost mehr abbekommt. Setzt man sie Ende April, dann können die Eisheiligen beim Austriebsbeginn gewöhnlich nichts mehr ausrichten. gibt es doch überraschende Spätfröste, dann treiben neue Blätter nach.
Die Pflanzkartoffeln setzt man mit einem Abstand von 30 × 30 cm in die Erde; spätere Sorte bis 50 × 35 cm auseinandersetzen. Die Pflanztiefe beträgt 5 – 10 cm; nicht tiefer setzen, damit das Laub schneller herauskommt.

Kartoffeln in einem großen Topf gepflanzt, auch so kann man ernten.

Frühkartoffeln können, je nach Klima, schon ab März in den Boden gebracht werden.

Düngung: Es überrascht nicht, daß Kartoffeln zu den Starkzehrern gehören und einen entsprechend hohen Nährstoffbedarf aufweisen. Als Vorratsdüngung sollte auf dem Beet schon im Herbst verrotteter Stallmist oder organischer Volldünger verteilt werden. Bei sehr guter Kompostversorgung entsprechend weniger Dünger verwenden. Mit Steinmehl bringen Sie Spurenelemente in den Boden. Dieser „Bodenhilfsstoff" bekommt Kartoffeln ausgezeichnet. Außerdem soll es den Geschmack der Kartoffeln verbessern und bei mehrfachem Streuen vorbeugend gegen Kraut- und Knollenfäule wirken. Dagegen sollen Kartoffelbeete möglichst keine zusätzlichen Kalkgaben erhalten.

Pflege: Regelmäßiges Hacken ist vor allem in den ersten Wochen nötig. Wenn das Laub austreibt, sollten die Pflanzreihen in der Folge mehrfach angehäufelt werden. Dadurch vermeidet man, daß dicht unter der Bodenoberfläche wachsende Knollen Sonne abbekommen; sie sind dann grün und ungenießbar, besser gesagt giftig. Wenn die Pflanzreihen erst einmal geschlossen sind, machen die Kartoffeln keine Arbeit mehr. In Trockenperioden unbedingt wässern. Gerade Frühkartoffeln danken gute Wasserversorgung mit höherem Ertrag.

Nach der Kartoffelernte ist der Boden locker und unkrautfrei.

Ernte: Die ersten Kartoffeln können Sie schon Ende Juni herausholen; man schiebt die Erde vorsichtig zur Seite und erntet zunächst nur einzelne, große Knollen. Erntetermin für die frühen Sorten ist dann, wenn die Pflanzen voll aufblühen. Erntezeit für die mittelfrühen Sorten ist im August, für späte im Herbst; in jedem Fall nach dem Welken des Laubs. Mit einer Grabegabel oder einem Krail kann man die Knollen unbeschädigt aus der Erde graben. Voll ausgereifte, späte Kartoffeln lassen sich dunkel und kühl (ideal sind 7 – 8 Grad C) gut lagern. Um Pflanzgut fürs nächste Jahr zu erhalten, muß man ebenfalls voll ausgereifte Knollen ernten.

Biologischer Pflanzenschutz: Die Kraut- und Knollenfäule ist eine gefürchtete Krankheit. Das Kraut bekommt braune Flecken und stirbt ab, die Knollen faulen später. Befallene Pflanzen müssen weggeworfen werden; Beetfläche wechseln. Steinmehl soll vorbeugend wirken.
Der Kartoffelkäfer ernährt sich von jungen Blättern; bei Befall dünn mit Algenkalk bestäuben oder Käfer und Larven absammeln.

Zwiebelgemüse

Zwiebeln

Allium cepa
Familie: Liliengewächse

Wissenswertes: Grob unterschieden werden drei Anbauarten:

- Aussaat im Frühjahr für die Ernte im Frühherbst.
- Setzen von Steckzwiebeln im Frühjahr für die Ernte im Sommer.
- Aussaat von Frühjahrszwiebeln im Spät-

Zwiebeln bleiben nach dem Ausgraben zum Trocknen auf dem Beet liegen.

sommer für die Ernte im folgenden Mai oder Juni.

Ansprüche: Zwiebeln wachsen in jedem Klima. Trockener Boden bietet gute Anbaubedingungen; er sollte aber tiefgründig gelockert sein.

Aussaat im Frühjahr: Auf dem gut vorbereiteten Beet darf ab März gesät werden, mit einem Reihenabstand von 20 cm. Wenn die Sämlinge 10 cm hoch sind, können sie vereinzelt werden. In der Reihe genügen 5 cm Abstand.

Steckzwiebeln: Die haselnußgroßen Zwiebeln werden ab März angeboten. Man steckt sie möglichst bald ca. 3 cm tief in die Erde. Reihenabstand 20 – 25 cm; in der Reihe 10 cm Abstand.

Aussaat von Frühjahrszwiebeln: In der zweiten Augusthälfte, nicht früher und nicht später, sät man spezielle Sorten, die im Beet überwintern und ab Ende Mai erntereif sind. Für diese kleinen Zwiebeln genügt ein Abstand von 3 cm. In rauhen Klimagebieten ist der Anbau allerdings nicht empfehlenswert.

Düngung: Nach ihrem Nährstoffbedarf werden Zwiebeln mal als Schwachzehrer, mal als Mittelzehrer eingestuft. Gering ist ihr Bedarf an Stickstoff, während beispielsweise Kalium in höherem Maß benötigt wird. Organischer Volldünger ist besser geeignet als Mineraldünger. Am einfachsten kann man den zusätzlichen Kaliumbedarf durch Streuen von Holzasche erfüllen. Keinesfalls darf frischer Tiermist verwendet werden.

Pflege: Während der Kultur mehrfach hacken. Anfangs bei Bedarf wässern. Wenn sich die Pflanzen gut entwickelt haben, spätestens ab August, darf nicht mehr gewässert werden.
Die überwinternden Frühjahrszwiebeln sollten gegen Kahlfröste zeitweilig mit Nadelholzzweigen oder Laub abgedeckt werden.

Ernte: Die erste Zwiebelernte im Jahr bieten die im Vorjahr gesäten Frühlingszwiebeln. Sie sind allerdings häufig erst im Juni erntereif; Steckzwiebeln im Juli, ab Ende

Zwiebeln werden in Reihen mit 20 – 25 cm Abstand gesetzt; in der Reihe etwa 10 cm Abstand halten.

An der Luft getrocknete Zwiebeln halten lange und sehen schön aus.

August schließlich die im Frühjahr gesäten Zwiebeln.
Das früher übliche Umknicken des Zwiebellaubs ist eher nachteilig für die ausreifenden Zwiebeln. Man erntet, nachdem das Laub abgestorben ist; die Zwiebelschale beginnt sich dann zu verfärben. Nach dem Ausgraben läßt man die Zwiebeln einige Tage zum Abtrocknen auf dem Beet liegen. Danach können sie, am Laub zu Zöpfen zusammengeflochten, luftig aufgehängt werden. Steckzwiebeln sind weniger lagerfähig als gesäte Zwiebeln.

Biologischer Pflanzenschutz: Weiche, faule Früchte sind in der Regel das Werk von Zwiebelfliegen. Befallene Pflanzen entfernen. Vorbeugend hilft das Bestäuben mit Algenkalk oder Steinmehl sowie das Abdecken mit Insektenschutznetzen. Mehltau und Grauschimmel werden meistens durch zu dichten Stand und hohe Stickstoffdüngung verursacht.

Weitere Zwiebelarten

Schalotten: Die feinwürzigen, kleinen Zwiebeln sind ideal für Soßen und Salate. Sie werden als Steckzwiebeln im Frühjahr angeboten und ebenso wie gewöhnliche Steckzwiebeln behandelt.

Etagenzwiebeln, Ägyptische Zwiebeln: Winterharte Zwiebeln, die ähnlich Schalotten verwendet werden. Samen werden allerdings nicht gehandelt, da sie sich durch Tochterzwiebeln vermehren.

Lauchzwiebeln: Die Pflanzen stellen sozusagen ein Mittelding zwischen Lauch (Porree) und Zwiebeln dar. Verzehrt wird das Laub mit dem porreeähnlichen Schaft – roh als Salatbeigabe oder gekocht als Mischgemüse. Aussaat im Frühjahr. Auch winterharte Sorten sind erhältlich.

Silberzwiebeln: Sie stellen eine besondere Sorte der Küchenzwiebeln dar – mit kleinen, weißen Zwiebeln; Verwendung meistens zum Einlegen. Aussaat im Frühjahr.

Gemüsezwiebeln: Die großen, mild schmeckenden Zwiebeln eignen sich gedünstet für viele Gerichte. Die größten Zwiebeln ernten Sie von der Sorte 'The Kelsae'. Mit früher Vorkultur unter Glas erreichen sie bis zum Herbst ein immenses Erntegewicht.

Lauch, Porree

Allium porrum
Familie: Liliengewächse

Wissenswertes: Porree, im Süden besser als Lauch bekannt, stammt wie die ver-

Lauch, auch im Winter bei Frost und Schnee noch im Garten.

Lauch wird tief gepflanzt und später angehäufelt, um lange, helle Schäfte zu erhalten.

wandte Küchenzwiebel aus dem Mittelmeerraum. Für die Ernte vom Sommer bis zum Herbst und für die Winterernte werden unterschiedliche Sorten angeboten.

Ansprüche: An das Klima stellt der Anbau von Lauch keine besonderen Anforderungen. Eher mäßige Temperaturen sind von Vorteil. Die Bodenansprüche liegen höher als bei Küchenzwiebeln: Nahrhafte, humusreiche Erde ist am günstigsten.

Aussaat: Wenn Lauch so früh wie möglich im Sommer geerntet werden soll, kann bereits ab Ende Januar unter Glas in Saatschalen ausgesät werden (Keimtemperatur: 15 – 18 Grad C). Ab Ende März können die Pflänzchen im Freiland gesetzt werden; sie sollten aber anfangs noch unter einer Folienabdeckung bleiben.
Lauch, der im Herbst und Winter geerntet werden soll, bereitet weniger Mühe, denn er wird direkt im Freiland ausgesät; zwischen Mitte April und Mitte Juni. Falls nötig, können die jungen Pflänzchen noch im Juli versetzt werden. Der Reihenabstand beträgt 25 – 30 cm, in der Reihe genügen 15 cm Abstand.

Düngung: Als Starkzehrer braucht Lauch neben guter Kompostversorgung zusätzliche Nährstoffe. Im Herbst organischen Volldünger oder verrotteten Tiermist verteilen; aus Pflanzenschutzgründen keinen frischen Stallmist verwenden.
Im Verlauf der langen Kultur sollten zwei Nachdüngungen folgen; Brennesseljauche ist gut geeignet.

Pflege: Schon beim Einpflanzen setzt man den Lauch möglichst tief in die Erde, um später gebleichte Schäfte zu erhalten. In der Folge sollten die Pflanzen beim Hacken der Beete etwas angehäufelt werden. Der Wasserbedarf ist recht hoch, gleichmäßige Bodenfeuchtigkeit für das Wachstum am günstigsten. Mulchen ist hier besonders zu empfehlen.

Ernte: Schon die ersten jungen, noch dünnen Lauchstangen kann man verwenden. Die früheste Ernte ist im Juni möglich. Winterlauch kann ab Oktober den ganzen Winter lang geerntet werden. Er ist weitgehend frosthart, sollte aber vor starken Kahlfrösten mit Laub oder Stroh abgedeckt werden. Im kühlen Keller oder in einer Erdmiete sind die Lauchstangen lange haltbar.

Biologischer Pflanzenschutz: Die Lauchmotte frißt die jungen Blätter und dringt in die Pflanze ein. Man kann ihr durch frühzeitige Aussaat oder Abdecken des Beetes mit einem Insektenschutznetz entgehen. Vorbeugend wirkt das Vermischen der Erde mit Steinmehl. Mischkulturen mit Sellerie oder Möhren tragen zur Abwehr bei.

Knoblauch

Allium sativum
Familie: Liliengewächse

Ansprüche: Ähnlich wie Zwiebeln bevorzugt Knoblauch einen eher trockenen, tiefgründig gelockerten Boden. Hoher Humusgehalt ist vorteilhaft. Der Wärmebedarf ist

Knoblauch als Beetkultur, vorteilhafter ist aber die Mischkultur mit anderem Gemüse.

Knoblauch muß nach der Ernte getrocknet werden. Später können die Knollen zu Zöpfen geflochten werden.

sehr hoch: ein geschützter Standort Bedingung. In weniger klimabegünstigten Lagen wird man bei günstigem Witterungsverlauf die erhoffte Ernte erzielen.

Pflanzung: Die einzelnen Knoblauchzehen werden ähnlich wie Steckzwiebeln gesetzt. Sie dürfen bereits Ende Februar ins Beet, denn das bald austreibende Laub ist nicht frostempfindlich. Reihenabstand 20 cm; in der Reihe 10 – 15 cm Abstand. Pflanztiefe etwa 3 cm.

Düngung/Pflege: wie Zwiebeln (siehe S. 130).

Ernte: Ab Ende Juli, wenn das Laub zu welken beginnt, können die Knollen aus der Erde geholt werden. Ein paar Tage trocknen lassen und wie Zwiebeln zu Zöpfen flechten. Von guten Pflanzen Zehen für das nächste Jahr aufbewahren.

Biologischer Pflanzenschutz: wie Zwiebeln; gewöhnlich nicht erforderlich.

Ausdauernde Gemüsearten

Artischocke

Cynara scolymus
Familie: Korbblütler

Bei Artischocken liegt der Erntezeitpunkt vor dem Öffnen der Blüten.

Der Anbau von Artischocken wird hauptsächlich in den südlichen Ländern gepflegt. Im nördlichen Klima gelingt die Kultur nur an einem sehr geschützten, vollsonnigen Standort. Die Anzucht erfolgt im März unter Glas bei mindestens 20 Grad C. In der zweiten Maihälfte wird ausgepflanzt mit Abständen von 100 × 100 cm. Artischocken brauchen einen gut gedüngten, mit viel Kompost verbesserten Boden. Während der Kultur ausgiebig wässern, ein- bis zweimal nachdüngen, am besten mit Brennesseljauche. Geerntet werden die noch geschlossenen Blütenknospen. Verpaßt man den Zeitpunkt, dann hat man immer noch höchst attraktive Blüten. Im Winter muß die Pflanzenwurzel mit einer dicken Laubdecke vor Kälte geschützt werden. Nach vier Jahren nimmt der Ertrag ab. Die Pflanzen können dann geteilt werden, oder man sät neu aus.

Cardy

Cynara cardunculus
Familie: Korbblütler

In den Mittelmeerländern weit verbreitet, gilt der Cardy – auch als Cardone bekannt – hierzulande als Rarität. Anzucht, Ansprüche und Pflegebedingungen entsprechen denen der nahe verwandten Artischocke. Ab Ende August bindet man die Blätter lose zusammen und umhüllt sie zum Bleichen mit schwarzer Folie oder Pappe.

Die Blattrippen von Cardy werden mit Pappe oder Folie umhüllt, um sie zu bleichen.

Bleichspargel ist eine Delikatesse in den Monaten Mai und Juni.

(siehe Foto oben). Drei Wochen später kann geerntet werden. Verzehrt werden die gebleichten Blattrippen. Cardy ist ausdauernd, wird aber zumeist nur einjährig kultiviert.

Spargel

Asparagus officinalis
Familie: Liliengewächse

Der Anbau von Spargel erfordert anfangs erheblichen Arbeitsaufwand, aber dafür kann das edle Gemüse bis zu 15 Jahre lang geerntet werden. Die Beetfläche muß bis in 50 cm Tiefe umgegraben und mit reichlich verrottetem Kompost und Stallmist vermischt werden. Die Jungpflanzen werden vorzugsweise gekauft. Man setzt sie ab Ende März, spätestens Anfang Mai in 50 cm breite Gräben von 30 cm Tiefe. Der Pflanzenabstand beträgt 40 cm. Der Austrieb sollte einen Stützstab bekommen.

Im Sommer wird mehrfach gehackt, gewässert und einmal nachgedüngt, im Herbst das Laub abgeschnitten. Erst im zweiten Anbaujahr füllt man den Graben allmählich mit Erde auf, düngt erneut zwei- bis dreimal und schneidet im Spätherbst wieder das Laub ab. Im dritten Jahr ist die erste Ernte fällig. Zunächst muß im März ein 40 cm hoher Erddamm über den Pflanzen errichtet werden; unten 80 cm breit, oben 40 cm breit. Im Mai können die ersten Spargel, am besten am frühen Morgen, freigelegt und abgeschnitten werden. Nach Johanni (24. Juni) ist die Ernte abgeschlossen, und das Beet wird eingeebnet und erneut gedüngt. Das Laub muß jeden Winter abgeschnitten, der Damm in jedem Frühjahr neu angelegt werden. Grundsätzlich kann auch auf den Damm verzichtet und das Beet statt dessen mit schwarzer Folie abgedeckt werden. Vom dritten bis zehnten Jahr ist die Ernte hoch, danach nimmt sie ab.

Grünspargel: weniger arbeitsaufwendig und intensiver im Geschmack.

Grünspargel

Grüner, also ungebleichter Spargel schmeckt herzhafter – und erfordert weniger Aufwand. Zwar muß die Pflanzung ebenso vorbereitet werden wie beim Bleichspargel, das heißt, die Jungpflanzen werden in 30 cm tiefe Gräben gepflanzt, aber es entfällt das jährliche Errichten und spätere Einebnen der Erddämme. Außerdem ist die Ernte weniger arbeitsaufwendig, weil der Spargel nicht aus den Erdwällen ausgegraben werden muß. Der Grünspargel wird geschnitten, wenn die Triebe etwa 20 cm lang sind und sich die Triebspitzen öffnen. Ansprüche und Kultur ansonsten wie normaler Spargel.

Schwarzwurzel

Scorzonera hispanica
Familie: Korbblütler

Obwohl die Schwarzwurzeln wegen ihres außerordentlich hohen Nährwerts zum Feingemüse zählen, werden sie wenig angebaut. Ihr Geschmack erinnert ein wenig an Spargel.
Die frostharten Pflanzen wachsen in jedem Klima; ein lockerer, humusreicher Boden vorausgesetzt. Gesät wird im März oder April in Reihen mit 25 – 30 cm Abstand; die Saattiefe beträgt 2 cm. Später sollten Sie auf 10 cm Abstand in der Reihe vereinzeln.
Im Laufe der Kultur häufig (vorsichtig) hacken und vor allem im Sommer auf ausreichende Bodenfeuchtigkeit achten; vor der Aussaat und zweimal während der Kultur mäßig düngen. Geerntet wird ab Oktober, wenn das Laub abstirbt. Die langen Wurzeln müssen vorsichtig, zunächst von der Seite, aus der Erde gegraben werden, denn sie brechen leicht.
Schwarzwurzeln können zur Lagerung in mit feuchtem Sand gefüllten Kisten stehen. Am besten eignet sich dafür ein kühler Kellerraum. Zu Vorbeugung von Mehltau die Pflanzung nicht zu eng wachsen lassen.

Schwarzwurzeln im humusreichen Boden.

Reiche Meerettichernte im Oktober, die „Fechser" können für die Pflanzung im nächsten Jahr verwendet werden.

Rhabarber: es werden nur einzelne Stiele geerntet, damit die Pflanze weiterwachsen kann.

Meerrettich

Armoracia rusticana
Familie: Kreuzblütler

Um Meerrettich im Garten ernten zu können, müssen im März oder April Wurzelausläufer, die sogenannten Fechser, gepflanzt werden. Man setzt sie mit 60 cm Abstand, jeweils 10 cm tief, schräg in die Erde und häufelt sie leicht an. Meerrettich wächst in nahezu jedem Klima. In einem humusreichen, tief gelockerten Boden entwickeln sich die Pflanzen fast wie Unkraut; Wurzelstücke treiben immer wieder aus.
Nur den stärksten Trieb läßt man wachsen; Nebentriebe werden entfernt. Vor der Pflanzung und im Laufe der Kultur erneut düngen, regelmäßig hacken und wässern – dann entwickelt sich die hohe Staude wunschgemäß. Geerntet werden die stangenartigen Wurzeln. Ab Ende Oktober kann man sie vorsichtig ausgraben. Die „Fechser" werden abgetrennt und können im nächsten Frühjahr wieder neu gepflanzt werden.

Rhabarber

Rheum rhaponticum
Familie: Knöterichgewächse

Die Klimaansprüche sind gering, der Standort kann auch im Halbschatten liegen. In einem humusreichen, stets ausreichend feuchten Boden wächst Rhabarber am besten. Jeweils im Frühjahr etwas organischen Dünger und Kompost verteilen.
Im Herbst oder im Frühjahr setzt man Wurzelstücke mit Knospen flach in die Erde. Der Abstand zur nächsten Pflanze sollte mindestens 100 cm betragen. Blütenknospen sofort entfernen. Bei der Ernte dreht man einzelne Stiele mit einem leichten Ruck ab. Die Pflanze muß aber genügend Blätter behalten, damit sie kontinuierlich weiterwächst.

Jahres-Arbeitskalender

Januar

Planung Im Garten gibt es in diesen Wochen wenig Arbeit. Jetzt ist Zeit, um die Beetaufteilung auf dem Papier zu skizzieren und Saatgut auszusuchen. Dabei muß der Fruchtwechsel berücksichtigt werden; also keine verwandten Gemüsearten nacheinander auf derselben Fläche anbauen.

Bei der Planung der Gemüsereihen sollten die Vorschläge der Mischkultur beachtet werden.

Trittpfade Wenn das Wetter es zuläßt, können die Trittpfade zwischen den Beeten mit gehäckseltem Gehölzschnitt oder Rindenmulch abgedeckt werden; man kann sie dann jederzeit betreten. Die Beetfläche selbst wird jetzt noch nicht bearbeitet.

Bodenprobe Falls noch nicht geschehen, ist die Zeit günstig für die Entnahme von Bodenproben, um den Nährstoffbedarf des Bodens festzustellen. Zumindest sollte der pH-Wert gemessen werden; falls erforderlich, kann dann gleich Algenkalk oder kohlensaurer Kalk dünn auf den Beeten verteilt werden. Flächen, auf denen Kohl angebaut werden soll, erhalten zusätzliche Kalkgaben.

Ernte Im Beet überwinternder Grünkohl und Lauch (Porree) brauchen auch bei klirrender Kälte keinen Frostschutz und können weiterhin geerntet werden. Bei fehlendem Niederschlag sollten sie an milden Tagen gewässert werden. Feldsalat wird zum Schutz gegen starke Fröste mit dürrem Reisig abgedeckt; er muß noch ausreichend Sonnenlicht abbekommen. Spinat ist auch nur mäßig frostbeständig; er sollte besser geerntet sein, bevor es noch kälter wird.

Aussaat Ende des Monats sind bereits die ersten Aussaaten möglich – zunächst am Zimmerfenster oder im beheizten Gewächshaus. Kresse ist bereits nach einer Woche fertig zum Abschneiden. Frühen Salat, Brokkoli, Blumenkohl und Kohlrabi in Saatschalen aussäen und bei Zimmertemperatur aufstellen. Für ausreichende Belichtung sorgen, sonst besser bis Ende Februar warten.

Februar

Bodenvorbereitung

Es können bei anhaltend milder Witterung die Beete für Stark- und Mittelzehrer mit einer Grunddüngung versorgt werden. Die Laubabdeckung der Wintermonate wird abgerecht und organischer Dünger flach in die Bodenoberfläche eingearbeitet. Ab Ende des Monats verteilt man auch Kompost auf allen Anbauflächen; Kompost nicht einhacken und schon gar nicht untergraben, sondern lediglich fingerdick verstreuen.

Aussaat

In Gegenden mit sehr mildem Klima darf Ende Februar bereits im Freiland gesät werden. Möhren, Radieschen, Lauch und Spinat sind als erste an der Reihe. Auch Feldsalat kann jetzt noch einmal gesät werden. Eine Folienabdeckung ist aber für den Fall eines Kälteeinbruchs empfehlenswert. Man legt sie schon einige Tage vor der Aussaat aufs Beet, damit sich der Boden schneller erwärmt.

Frühbeet

Im Frühbeet wird jetzt die „Wärmepackung" aufgeschichtet. Eine 40 cm dicke Packung aus frischem Pferdemist liefert drei bis vier Wochen lang ausreichend Wärme. Rindermist oder eine Mischung aus Garten- und Küchenabfällen mit organischem Dünger erwärmt den Boden weniger, aber immer noch ausreichend. Für kalte Nächte Abdeckung bereithalten. Pferdemist wird Mitte Februar gepackt, Rindermist und die Abfall/Dünger-Mischung Ende des Monats.

Pflanzung, Aussaat, Vorkultur

Nach einer mehrtägigen Wartezeit können die am Zimmerfenster gezogenen Jungpflanzen ins warme Frühbeet oder in das Grundbeet eines frostfrei gehaltenen Gewächshauses gesetzt werden. Kopf- und Pflücksalat, Kohlrabi und Radieschen sind die bevorzugten Gemüsearten für den frühen Anbau unter Glas. Zusätzlich können Kresse und Kerbel gesät werden. Auf der Fensterbank oder im warmen Gewächshaus geht die Vorkultur von Jungpflanzen weiter: Kopf- und Pflücksalat, Römischer Salat, Kohlrabi und früher Kohl. Im Januar gesäte Pflänzchen können nach dem Erscheinen des zweiten Blattpaares in Einzeltöpfe pikiert werden.

März

Bodenvorbereitung

Anfang des Monats wird, sofern nicht schon im Februar geschehen, reichlich gut verrotteter Kompost verteilt. Reste der winterlichen Laubabdeckung vorher abrechen und auf den Komposthaufen bringen. Beim Düngen der Beete den unterschiedlichen Nährstoffbedarf der vorgesehenen Gemüsearten berücksichtigen. Zwischen Düngung und Aussaat sollten mindestens 14 Tage liegen. Der Aussaattermin hängt mehr von der Witterung als vom Kalenderdatum ab. Der Boden muß wenigstens 5 Grad C warm sein. Er darf erst dann bestellt werden, wenn er nicht mehr „schmiert"; solange also beim Betreten der Beete Erde an den Stiefeln kleben bleibt, ist es noch zu früh.

Keinesfalls noch einmal umgraben! Die Erde wird lediglich an der Oberfläche etwa 3 cm tief gelockert. Das Einhacken von Dünger und Verteilen von Kompost genügt in der Regel bereits. Vor der Aussaat wird die Beetoberfläche nur noch mit einer Harke geglättet.

Aussaat

Für die Frühaussaat im Freiland kommen Gemüsearten und Kräuter in Betracht, die schon bei geringen Wärmegraden keimen. In kühleren Regionen sollte man noch 14 Tage warten und die Saat unbedingt mit Vlies oder Folie abdecken. Spinat und Feldsalat sind am wenigsten empfindlich. Auch Radieschen sind recht robust und ebenso wie Rettich für einen frühen Saattermin geeignet. Bei der Aussaat von Möhren stets einige Radieschenkörner als Markiersaat mit auslegen. Kopfsalat kann nur bei günstiger Witterung bereits im Freiland gesät werden; andernfalls unter Glas vorziehen. Pflücksalat ist etwas robuster und für besonders zeitige Aussaat geeignet. Mit der Aussaat von Eissalat wenigstens bis Ende des Monats warten und mit Vlies oder Folie abdecken. Auch mit der Aussaat von Mangold muß man sich bis zum Monatsende gedulden. Wer gebleichte Löwenzahnblätter schätzt, muß jetzt säen; ältere Pflanzen zum Bleichen mit Folie abdecken. Zwiebeln dürfen ab Ende des Monats gesät werden. Vom Knoblauch steckt man die einzelnen Zehen jeweils 5 cm tief in die Erde; Abstand 10 cm.

Auch Schwarzwurzeln und Palerbsen können schon gesät werden, die wärmebedürftigeren Mark- und Zuckererbsen dürfen frühestens Ende des Monats in die Erde. Aussaaten während der Keimzeit nicht trocken werden lassen; bei Bedarf mit sanfter Brause wässern. Keimende Unkräuter frühzeitig herausziehen, abgedeckte Aussaaten gelegentlich kontrollieren.

Unter Glas Von den genannten Gemüsearten können alle mit kurzer Kulturzeit und geringem Platzbedarf auch im kalten Frühbeet oder im ungeheizten Gewächshaus gesät werden. Oder man setzt hier jetzt die im Januar und Februar auf der Fensterbank vorgezogenen Jungpflanzen für eine besonders frühe Ernte. Bei sonnigem Wetter muß die Glasabdeckung des Frühbeets rechtzeitig geöffnet werden. Frischluft ist günstiger als stickige Wärme. Auch im Gewächshaus für ausreichende Lüftung sorgen. Nachts bei Frostgefahr unbedingt geschlossen halten. Im Frühbeet oder auf der Fensterbank herangezogene Pflanzen fürs Freiland abhärten, ehe sie gesetzt werden.

Ernte Die Winterkulturen von Feldsalat, Lauch, Grünkohl und – falls noch nicht abgeräumt – Spinat werden im Laufe des Monats abgeerntet, damit der Platz für Neusaaten frei wird.

Rhabarber Rhabarber ist schneller erntereif, wenn der Austrieb ab Anfang des Monats mit einer Folie abgedeckt wird. Für eine Neupflanzung können geteilte Wurzelstöcke jetzt gesetzt werden.

Vorkultur Die wärmebedürftigen Tomaten sät man Mitte des Monats am warmen Zimmerfenster aus. Auch Knollensellerie, Neuseelandspinat, Artischocken, Paprika und Auberginen brauchen die warme Anzucht bei Zimmertemperatur; ebenso Radicchio, der für die früheste Ernte jetzt gesät wird.

Kräuter Von den Kräutern müssen die wärmebedürftigen Arten ebenfalls unter Glas vorgezogen werden: Basilikum, Russischer Estragon, Majoran, Salbei, Thymian und Zitronenmelisse.

April

Pflegearbeiten	Zwischen den Saatreihen muß die Beetfläche regelmäßig gelockert und Unkraut entfernt werden. Zu dicht auflaufende Sämlinge werden vereinzelt. Auf Schneckenbefall achten; gefährdete Beete, von Salat beispielsweise, eventuell mit einem Schneckenzaun schützen.
Folienabdeckung	Eine Folienabdeckung wird beim Kopfsalat entfernt, sobald sich die Köpfe bilden; von Möhren und Spinat, wenn sie die ersten Laubblätter zeigen. Bei allen anderen Gemüsearten läßt man die Folie bis längstens Mitte Mai auf dem Beet.
Aussaat	Aussaatzeit ist für Spinat, Radieschen, Rettich, Möhren, Kopf- und Pflücksalat, Zwiebeln, alle Erbsenarten, Kohlrabi, Rote Bete, Mangold und Kohl. Mit dem Säen von Roter Bete bis zum Monatsende warten. Von Chinakohl und Knollenfenchel dürfen in diesem Monat nur spezielle, für die April-Aussaat geeignete Sorten gesät werden; andernfalls besteht Schoßgefahr.
Kartoffeln	Kartoffeln werden gleich zu Beginn des Monats zum Vorkeimen hell und mäßig warm ausgelegt. Sie dürfen dann Ende April in die Erde. Nicht vorgekeimte Kartoffeln legt man ab Mitte April aus.
Zwiebeln	Von den Frühjahrszwiebeln werden die jungen Pflänzchen Anfang des Monats auf 10 cm Abstand vereinzelt. Steckzwiebeln für die Ernte im Spätsommer müssen jetzt gesetzt werden.
Blumen	Blumen nicht vergessen: als Randbepflanzung können Ringelblumen und Kapuzinerkresse direkt im Beet gesät werden.
Ernte	Die erste Ernte im Freiland bieten Radieschen; ab Ende April sind die frühesten fertig. Vom Spinat können dann bereits die jungen Blätter abgeschnitten werden.
Unter Glas	Unter Glas vorgezogene Jungpflanzen von Kohl, Kohlrabi, Salat und Lauch bald ins Freiland setzen; zum Ab-

härten vorher zunehmend Frischluft gewähren und schließlich die Abdeckung ganz entfernen. Auch verbleibende Frühbeetkulturen müssen bei sonnigem Wetter immer rechtzeitig gelüftet werden. Mitte April werden unter Glas Gurken, Zucchini, Kürbisse und Zuckermais ausgesät. Für Paprika, Tomaten und Auberginen ist Anfang April letzter Aussaattermin.

Mai

Pflegearbeiten

Auf den Beeten weiterhin regelmäßig hacken und Unkraut jäten. Frisch gesäte Beete unbedingt ausreichend feucht halten. Nach dem Keimen werden zu dicht auflaufende Sämlinge vereinzelt. Von den Frühkulturen wird eine eventuelle Folienabdeckung spätestens zur Monatsmitte entfernt. Weiterhin auf Schnecken achten; sie fressen gern in feuchtwarmen Mainächten. Abends absammeln, Abwehrgürtel aus Steinmehl anlegen. Hügelbeete und neu angelegte Hochbeete unbedingt ausreichend feucht halten.

Pflanzung wärmeliebender Pflanzen

Erst nach Mitte Mai, nach den „Eisheiligen", dürfen die wärmeliebenden Pflanzen, die unter Glas vorgezogen wurden, ins Freiland: Tomaten, Gurken, Zucchini, Kürbisse, Sellerie, Neuseeländer Spinat und Zuckermais; in geeigneten, geschützten Lagen außerdem Artischocken, Paprika und Auberginen. In kühleren Regionen erst Ende des Monats auspflanzen.

Aussaat, Pflanzung, Vorkultur

Bohnen sind kälteempfindlich: man zieht sie entweder Anfang des Monats unter Glas vor und pflanzt sie Ende Mai oder sät erst in der Monatsmitte ins Freiland. Folien- oder Vliesabdeckung ist hilfreich.
Chicorée sät man zwischen Mitte und Ende des Monats; ebenso Radicchio des Veroneser-Typs. Eissalat, Knollenfenchel und Grünkohl auf einem Extrabeet für die Pflanzung im Juli aussäen. Blumenkohl und Brokkoli können gesät, Weiß-, Rot- und Rosenkohl sowie Wirsing als Jungpflanzen gesetzt werden. Aussaatzeit ist außerdem für Möhren, Rote Bete, Schwarzwurzeln, Mangold und für

den schnellwüchsigen Portulak. Folgesaaten von Radieschen und Salaten nicht vergessen, um fortlaufend ernten zu können. Bei der Saatgutauswahl auf geeignete Sorten für die Mai-Aussaat achten.

Anhäufeln Kartoffelreihen anhäufeln; bei Spätfrösten Laub mit Folie schützen. Kohlgewächse und die heranwachsenden Erbsenpflanzen für besseren Stand ebenfalls anhäufeln.

Juni

Pflegearbeiten Hacken und Unkraut jäten bleibt Pflicht, solange die Gemüsereihen noch nicht geschlossen sind. Mit zunehmendem Wachstum steigt der Wasserbedarf der Gemüsepflanzen. Tomaten, Gurken, Zucchini, Kürbisse und andere Fruchtgemüse brauchen mit beginnender Fruchtbildung mehr Wasser und außerdem eine Nachdüngung. Auch bei Möhren, Zwiebeln und dem anderen Wurzel- und Knollengemüse nimmt der Wasserverbrauch jetzt zu. Blattgemüse zeigt Feuchtigkeitsmangel sofort an: das Laub wird schlapp. Als Verdunstungsschutz zwischen den Gemüsereihen regelmäßig eine dünne Mulchschicht verteilen. Bei Blattlausbefall mit Wasser abspritzen oder Steinmehl stäuben. Für die Nachdüngung von Starkzehrern kann Brennesseljauche angesetzt werden.

Aussaat, Pflanzung Sommeraussaaten von Salat abends auf gewässertem Boden säen, denn bei hohen Temperaturen keimen sie schlecht. Für Endivien ist die beste Aussaatzeit von Mitte Juni bis Mitte Juli. Dieselbe Aussaatperiode gilt für Radicchio des 'Palla-Rossa'-Typs. Im Sommer für die Aussaat von Radieschen einen halbschattigen Standort bevorzugen. Aussaat von Sommerrettich bis Ende des Monats; Winterrettich ab Mitte Juni säen. Sellerie-Jungpflanzen bis Mitte des Monats in die Erde setzen. Für Möhren ist letzte Gelegenheit zum Aussäen. Bis Mitte Juni Jungpflanzen von Weiß-, Rot-, Rosen- und Blumenkohl setzen; Brokkoli bis Ende des Monats. Kohlrabi kann noch gesät werden. Von Bohnen können Folgesätze ausgelegt werden. Knollenfenchel nicht vor Ende Juni säen, sonst besteht Schoßgefahr. Auch Chinakohl frühestens

	zum Monatsende säen. Für Tomaten ist Anfang Juni letzter Pflanztermin; ebenso für Gurken und Zucchini. Die wärmebedürftigen Artischocken kommen vielfach besser, wenn sie erst jetzt gepflanzt werden.
Ausgeizen	Bei Tomaten sollten alle paar Tage zwischen den Blattachseln wachsende Geiztriebe ausgebrochen werden.
Spargel und Rhabarber	Die Erntezeit vom Spargel geht Johanni (24. Juni) zu Ende. Danach wird noch einmal reichlich gedüngt. Beim Rhabarber ist zur Monatsmitte Ernteschluß, danach ebenfalls düngen.

Juli

Pflegearbeiten	Ausreichende Bewässerung ist lebenswichtig; schon bei kurzfristiger Trockenheit leiden Qualität und Geschmack. Bei ausdauernden Kulturen mit hohem Nährstoffbedarf, wie z.B. Gurken, Zucchini, Sellerie oder Lauch, noch einmal düngen. Bei bedecktem Himmel oder abends zusätzlich gut verrotteten Kompost verteilen.
Aussaat, Pflanzung	Weiterhin sind Folgesaaten von Kopfsalat möglich; Eissalat und Endivien bis spätestens Mitte des Monats aussäen. Für Chinakohl und Pak Choi ist die Zeit zwischen Mitte Juli und Anfang August am günstigsten. Kohlrabi bis Mitte des Monats säen; dasselbe gilt für Knollenfenchel und Bohnen. Rote Bete und Radieschen können noch bis Ende des Monats gesät werden. Auch die Aussaat von Mangold für eine späte Ernte ist noch einmal möglich. Erst ab Mitte Juli darf der schwarze Winterrettich gesät werden. Jungpflanzen von Blumenkohl, Brokkoli und Rosenkohl sollten bis zur Monatsmitte in der Erde sein.
Ernte	Buschbohnen unbedingt jung ernten; danach kann weitere Male durchgepflückt werden. Auch von Gurken und Zucchini sollte man die Früchte nicht zu groß werden lassen. Frühkartoffeln sind bereits erntereif, bevor das Laub welkt. Tomaten müssen voll ausgereift sein.
Ausgeizen	Tomaten immer noch ausgeizen.

	August
Pflegearbeiten	Boden lockern, Unkraut hacken und auf gemulchten Beeten die Deckschicht laufend ergänzen – das muß weiterhin sein; und natürlich muß bei Bedarf gewässert werden.
Aussaat, Pflanzung	Für Kopfsalat und Pflücksalat ist Anfang des Monats letzter Aussaattermin; zum Ausprobieren kann Winterportulak gesät werden. Jetzt darf auch wieder Feldsalat herangezogen werden. Wenn noch im Herbst geerntet werden soll, muß bis Mitte August gesät sein. Spätere Aussaaten sind im nächsten Frühjahr fertig. Am windgeschützten Standort Spinat für die Ernte im November säen; nicht später als Mitte des Monats. Mangold- und Rettichaussaat ist auch Anfang August noch möglich, die Aussaat von Radieschen noch den ganzen Monat lang. Ab Mitte August Weiße Frühjahrszwiebeln säen. Anfang August ist letzter Pflanztermin für Grünkohl.
Kohlpflanzen	Kohlpflanzen noch einmal anhäufeln und regelmäßig mulchen. Späte Wirsingsorten, Rosenkohl und Chinakohl bekommen noch einmal Dünger.
Tomaten	Von Tomatenpflanzen kappt man ab Mitte August die Blütenstände, die danach noch gebildet werden. Die verbleibenden Früchte reifen dadurch besser aus.
Ernte	Gurken nicht zu groß werden lassen, weil sonst der Wuchs neuer Früchte beeinträchtigt wird. Auch Zucchini weiterhin möglichst jung ernten. Rote Bete bei der Ernte nicht verletzen oder die Wurzeln abschneiden; sie bluten sonst aus. Knoblauch aus der Erde holen, wenn das Laub welkt.
Gründüngung	Auf abgeernteten Gemüsebeeten, die nicht gleich wieder bestellt werden, sollten Gründüngungspflanzen gesät werden; speziell als Stickstoffsammler Lupinen, Futtererbsen, Sommerwicken und Kleearten. Gelbsenf nicht vor oder nach Kohl aussäen.
Kräuter	Im Kräuterbeet jetzt noch einmal Petersilie säen; außerdem Dill und Kerbel.

September

Pflegearbeiten

Lediglich gelegentliches Hacken ist jetzt noch nötig. Abgeräumte Beete werden gleich mit Kompost bestreut. Gründünger kann auch jetzt noch ausgesät werden. Für die bei der Ernte anfallenden Pflanzenreste neue Kompostmiete anlegen.

Aussaat, Pflanzung

Radieschen und Schnittsalat sind bei Aussaat gleich zu Monatsbeginn noch im Herbst erntefertig. Feldsalat kann ebenfalls noch gesät werden; allerdings für die Frühjahrsernte. Winterkopfsalat, der jetzt gesät wird, überwintert im Beet und ist im nächsten April erntereif. Im Frühbeet können zu Monatsbeginn noch Jungpflanzen von Endivien, Kohlrabi und Kopfsalat für die letzten Salaternten im Jahr gesetzt werden.

Ernte

Von Spinat, Feldsalat, Mangold und Pflücksalat sind Folgeernten möglich, wenn jeweils nur die äußeren Blätter abgeschnitten werden. Beim Neuseeländer Spinat nur die Triebspitzen abschneiden. Kälteempfindliche Gemüsearten in rauheren Lagen bis Ende des Monats ernten: Tomaten, Gurken, Zucchini, Bohnen und Paprika. Zwiebeln ernten, wenn sich das Laub gelb färbt; nicht umtreten. Wintermöhren ab Mitte des Monats ernten. Sommerlauch wird bis Ende des Monats geerntet.

Bleichen, anhäufeln

Endiviensalat bleichen; dazu die Köpfe locker mit einem Gummiband zusammenbinden. Winterlauch sollte man ab Anfang September noch einmal leicht anhäufeln.

Rhabarber

Rhabarber kann man vermehren, indem ältere Pflanzen ausgegraben und die Wurzeln mit dem Spaten geteilt werden.

Oktober

Kompost

Alle Pflanzenreste kommen – jeweils grobes und feineres Abfallmaterial sorgfältig vermischt – auf den Komposthaufen. Fertig aufgesetzten Kompost mit einer dicken Laubschicht oder Kunststoffolie abdecken, damit er durch den Regen nicht so durchnäßt wird.

Bodenpflege	Auf den abgeernteten Beeten halbverrotteten Kompost und – je nach Nutzung im nächsten Jahr – bereits eine Grunddüngung ausbringen. Als Bodenbedeckung kann der Kompost mit Laub und anderen Pflanzenresten vermischt werden.
Ernte	Tomaten, Bohnen und Kürbisse spätestens zu Monatsbeginn ernten. Grüne Tomaten in der Küche nachreifen lassen. Ernte von Kopfsalat, Kohlrabi, Radieschen, Rettich, Blumenkohl und Rote Bete möglichst vor Frostbeginn. Gemüse, das zum Einlagern bestimmt ist, nur bei trockenem Wetter ernten. Eventuell Erdmiete im Garten für die Gemüselagerung anlegen oder das Frühbeet dafür nutzen.
Chicorée antreiben	Ab Ende Oktober werden die Chicoréepflanzen zum Antreiben aus der Erde gegraben (siehe S. 00).

November

Ernte	In diesem Monat geht die Ernte derjenigen Gemüsearten zu Ende, die mäßige Fröste überstehen. Das gilt für Sellerie, Endivie, Chinakohl und Wirsing. Bei Gefahr stärkerer Fröste ernten und einlagern. Vollkommen winterhart ist Grünkohl, während Rosenkohl besser nicht zu spät im Jahr geerntet wird.
Bodenpflege	Schwere Lehmböden sollten in diesem Monat spatentief umgegraben werden, damit die Erdschollen anschließend durch Frosteinwirkung zerkrümelt werden. In humusreichen, regelmäßig mit Kompost verbesserten Böden kann darauf verzichtet werden. Statt dessen bedeckt man alle abgeräumten Beetflächen mit einer dicken Schicht aus durchfeuchtetem, gemischtem Laub und nicht zu groben Pflanzenresten, auf denen halbverrotteter Kompost verteilt wird. Bis zum Frühjahr bleibt die Abdeckung auf den Beeten.
Lagergemüse	Lagergemüse in Erdmieten oder im Frühbeet bei drohendem Frost mit Stroh oder einer dicken Laubschicht abdecken.

Hoch- und Hügelbeet	Für die Anlage eines Hoch- oder Hügelbeets rechtzeitig mit dem Zusammentragen von Abfallmaterial beginnen.

Dezember

Ernte	Grünkohl und eventuell noch Rosenkohl nach Bedarf vom Beet holen. Den letzten Chinakohl und Zuckerhutsalat baldmöglichst ernten. Feldsalat ist vollkommen robust und übersteht Schnee und Frost. Anfang des Monats sind die ersten Chicoréepflanzen ausgetrieben; bei 15 cm Länge werden sie von den Wurzeln abgebrochen.
Lagergemüse	Lagergemüse regelmäßig kontrollieren; faulendes Gemüse entfernen.
Nistkästen	Nistkästen in die Bäume hängen, Stein-, Holz- und Laubhaufen in ungestörten Gartenecken aufschichten, um im nächsten Jahr willkommene Helfer bei der Schädlingsabwehr zu haben.

Adressen und Bezugsquellen

Gemüse (Samen und Jungpflanzen), Geräte, Pflanzenpflegemittel und vieles mehr bekommen Sie im örtlichen Fachhandel (Gärtnereien, Gartencentern, Baumärkte etc.) und auf den Wochenmärkten. Sie finden die Adressen im örtlichen Branchenfernsprechbuch. Am besten rufen Sie an und fragen, ob die von Ihnen gewünschten Pflanzen angeboten werden.
In einschlägigen Gartenzeitschriften können Sie sich über das Angebot von Pflanzenversendern und speziellen Anbietern informieren.

Die folgende Liste erhebt keinen Anspruch auf Vollständigkeit. Die Adressen sind nach aufsteigenden Postleitzahlen geordnet.

Amtliche Pflanzenschutzberatung:

Landesanstalt für Landwirtschaft
Fachbereich für Integrierten Pflanzenschutz
Stübelallee 2
01307 Dresden

Pflanzenschutzamt Berlin
Mohriner Allee 137
12347 Berlin

Landesamt für Ernährung, Landwirtschaft und Flurordnung
– Dezernat Pflanzenschutz –
Ringstraße 1010
15236 Frankfurt (O)/Markendorf

Landespflanzenschutzamt
Graf-Lippe-Straße 1
18059 Rostock

Institut für Angewandte Botanik
Abt. Pflanzenschutz
Marseiller Straße 7
20355 Hamburg

Pflanzenschutzamt
Westring 383
24118 Kiel

Institut für Pflanzenschutz und Pflanzenbau
Sedanstraße 4
26121 Oldenburg

Senator für Umweltschutz und Stadtentwicklung
- Pflanzenschutzdienst –
Große Weidestraße 4–16
28195 Bremen

Lehr- und Versuchsanstalt für Gartenbau
Heisterbergallee 12
30453 Hannover

Pflanzenschutzdienst
Am Versuchsfeld 17
34128 Kassel/Harleshausen

Landespflanzenschutzamt
Lerchenwuhe 125
39128 Magdeburg

Landwirtschaftskammer Westfalen-Lippe
Institut für Pflanzenschutz, Saatgutuntersuchung und Bienenkunde
Nevinghoff 40
48147 Münster

Pflanzenschutzamt der Landwirtschaftskammer Rheinland
Siebengebirgstraße 200
53229 Bonn

Landesanstalt für Pflanzenschutz und Pflanzenbau
Essenheimer Straße 144
55128 Mainz/Bretzenheim

Hessisches Landesamt für Ernährung, Landwirtschaft und Landesentwicklung
– Pflanzenschutzdienst –
Friedrich-Wilhelm-von-Steuben-Straße 2
60487 Frankfurt/M.

Pflanzenschutzamt Saarbrücken
Lessingstraße 12
66121 Saarbrücken

Landesanstalt für Pflanzenschutz
Reinsburgstraße 107
70197 Stuttgart

Bayerische Landesanstalt für Bodenkultur und Pflanzenbau
Menzinger Straße 54
80638 München

Thüringer Landesanstalt für Landwirtschaft
Referat Pflanzenschutz
Kühnhauser Straße 101
99189 Erfurt-Kühnhausen

Staatliche Bodenuntersuchungsanstalten:

Sächsische Landesanstalt für Landwirtschaft
Institut für Landwirtschaftliche Untersuchungen
LUFA Leipzig/Möckern
Gustav-Kühn-Straße 8
04195 Leipzig

LUFA des Landes Sachsen-Anhalt
Schiepziger Straße 29
06120 Halle/Lettin

LUFA Thüringen
Naumburger Straße 98
07743 Jena

LUFA Potsdam
Templiner Straße 121
14473 Potsdam

LUFA Rostock
Graf-Lippe-Straße 1
18059 Rostock

Institut für Angewandte Botanik
Abt. KVT
Marseiller Straße 7
20355 Hamburg

LUFA Kiel
Institut f. Tiergesundheit und Lebensmittelqualität
Gutenbergstraße 75–77
24116 Kiel

LUFA der Landwirtschaftskammer Weser-Ems
Jägerstraße 23–27
26121 Oldenburg

LUFA Hameln
Finkenborner Weg 1a
31787 Hameln

Hessische Landwirtschaftliche Versuchsanstalt
Landw. Untersuchungsamt
Am Versuchsfeld 13
34128 Kassel/Harleshausen

LUFA Westfalen-Lippe
Nevinghoff 40
48147 Münster

LUFA
Bonn/Landwirtschaftskammer
Siebengebirgsstraße 200
53229 Bonn

Landes-Lehr- und Versuchsanstalt für Landwirtschaft, Weinbau und Gartenbau
Institut für Bodenkunde
Egbertstraße 18
54295 Trier

Hessische Landwirtschaftliche Versuchsanstalt
Rheinstraße 91
64295 Darmstadt

LUFA Speyer
Bezirksverband Pfalz
Obere Langgasse 40
67347 Speyer

Landesanstalt für landwirtschaftliche Chemie
Bodenabteilung
Emil-Wolff-Straße 14
70599 Stuttgart

LUFA Augustenberg
Neßlerstraße 23
76227 Karlsruhe

Bayerische Hauptversuchsanstalt für Landwirtschaft
85350 Freising-Weihenstephan

Bayerische Landesanstalt für Weinbau und Gartenbau
Abt. Kellerwirtschaft u. Untersuchungswesen
Herrnstraße 8
97209 Veitshöchheim

LUFA = Landwirtschaftliche Untersuchungs- und Forschungsanstalt

Halbfette Seitenzahlen weisen auf Abbildungen hin

Mit 171 Farbfotos von Johannes Apel, Elmshorn: 79 o., 91 M., 120, 126
Gerhard Bambach, Geisenheim: 24 o.r., 25 o.l., 25 o.r., 66 u., 67 u.l., 67 u.r., 82 u., 98 r., 103 r., 114 l., 130 u., 135 l.
BASF, Limburgerhof: 58 o.r., 59
Rolf Bühl, Stuttgart: 55 o., 55 M.r., 57 o.l.
Ellen Henseler, Bonn: 54 u.l., 57 o.r., 57 u., 58 u.l., 58 u.r.
Friedrich Jantzen, Arolsen: 91 l., 109, 110 o., 110 u.l., 122
Reinhard-Tierfoto, Heiligkreuzsteinach/Eiterbach: 2/3, 6, 7, 8, 11, 12, 13, 14, 19 u.l., 35, 55 u.l., 58 o.l., 70, 73, 74, 77, 78 u., 79 u.l., 81, 82 o., 86, 87, 92 u., 94, 96, 99 u.l., 99 u.r., 100, 101 l., 102, 107, 108 l., 111 u.l., 113, 115 l., 117 l., 119 u., 121 o., 123, 124, 125, 127, 132, 133 u., 134, 135 r., 136 o., 137, 138
Romberg KG, Ellerau: 62
Gisela Satorius, Frankfurt/Main: 92 o.
Erich Schumm GmbH, Murrhardt: 25 u.
Carl Sperling + Co, Lüneburg: 101 M., 101 r., 110 u.r.
Robert Sulzberger, Lindau: 19 u.r., 26 o., 28, 39, 42, 45, 71, 75, 78 o., 79 u.r., 85, 97 l., 98 l., 104, 111 o.l.
Jürgen Wolff, Gengenbach: 18, 21, 24 o.l., 26 u., 27, 31, 32, 33, 34, 38, 43, 47, 48, 49, 54 u.r., 56, 66 o., 67 o., 69, 76, 80, 88, 90, 91 r., 93, 95, 97 r., 99 o., 103 l., 108 r., 111 u.M., 111 u.r., 112, 114 r., 115 r., 116, 117 M., 117 r., 119 o.l., 119 o.r., 121 u., 128, 129, 130 o., 131, 133 o., 136 u.

Mit 45 Farbzeichnungen von Johannes-Christian Rost, Stuttgart: 16/17, 40/41
alle anderen von Horst Lünser, Berlin

Tabellen S. 36 und S. 37 entnommen aus:
Gisela Sartorius, Mischkultur und Fruchtwechsel, erschienen bei Franckh-Kosmos, Stuttgart

Umschlaggestaltung von Frido Steinen-Broo, eStudio Calamar, Pau/Girona, Spanien, unter Verwendung eines Farbfotos von Reinhard-Tierfoto, Heiligkreuzsteinach/Eiterbach.

Die Deutsche Bibliothek – CIP-Einheitsaufnahme
Ein Titelsatz für diese Publikation ist bei der Deutschen Bibliothek erhältlich.

Gedruckt auf chlorfrei gebleichtem Papier

Alle Angaben in diesem Buch sind sorgfältig geprüft und geben den neuesten Wissensstand bei der Veröffentlichung wieder. Da sich das Wissen aber laufend und in rascher Folge weiterentwickelt und vergrößert, muss jeder Anwender prüfen, ob die Angaben nicht durch neuere Erkenntnisse überholt sind. Dazu muss er zum Beispiel Beipackzettel zu Dünge-, Pflanzenschutz- und Pflanzenpflegemitteln lesen und genau befolgen sowie Gebrauchsanweisungen und Gesetze des jeweiligen Landes beachten.

KOSMOS Postfach 10 60 11
D-70049 Stuttgart
TELEFON +49 (0)711-2191-0
FAX +49 (0)711-2191-422
WEB www.kosmos.de
E-MAIL info@kosmos.de

2. Auflage

ISBN 3-440-08823-5
Lektorat: Angelika Throll-Keller, Gudrun Braun
Produktion: Martina Gronau, Heiderose Stetter
Druck und buchbinderische Verarbeitung: Těšínská Tiskárna, Český Těšín
Printed in Czech Republic / Imprimé en République tchéque